초등학교

생활
중국어

초등학교 생활 중국어 4

지은이 김지선, 조한나, 권승숙
펴낸이 임상진
펴낸곳 (주)넥서스

초판 1쇄 인쇄 2020년 8월 20일
초판 1쇄 발행 2020년 8월 24일

출판신고 1992년 4월 3일 제311-2002-2호
주소 10880 경기도 파주시 지목로 5
전화 (02)330-5500 팩스 (02)330-5555

ISBN 979-11-6165-851-3 64720
    979-11-6165-847-6 (세트)

www.nexusbook.com

초등학교

생활
중국어
4

김지선·조한나·권승숙 지음
한국중국어교육개발원 감수

넥서스CHINESE

세계의 인구는 약 77억 명 정도라고 합니다. 그중에 중국어를 사용하는 사람이 약 15억 명으로, 즉 세계 인구의 1/5 정도가 중국어를 사용하고 있습니다. 우리 어린이들이 중국어를 배우면 지구상에서 만나는 사람들 5명 중의 1명과 소통할 수 있다는 뜻입니다.

집필진 선생님들께서는 동산초등학교가 중국어를 가르치기 시작한 2007년부터 현재까지 꾸준히 근무하시면서 어린이들이 배우기 쉽고 흥미 있는 교재를 찾기 위하여 새 학년도마다 늘 고민을 하셨습니다. 그러면서 다년간 현장에서 직접 어린이들과 부딪치며 느꼈던 교재의 아쉬움을 직접 해결해 보고자 이번에 『초등학교 생활 중국어』교재 집필에 참여하셨습니다.

이 교재는 우리 동산 어린이들뿐만 아니라 중국어를 처음 배우기 시작하는 모든 어린이에게 쉽고 재미있게 중국어를 배울 수 있는 교재가 될 것이라고 확신합니다. 학교 현장 수업에 적합한 새로운 구성과 창의적인 내용으로 아이들이 흥미롭게 중국어를 배울 수 있는 교재입니다. 동산초등학교 어린이들뿐만 아니라 우리나라 모든 어린이가 글로벌 인재로 성장할 기회를 열어 주는 교재가 되기를 응원합니다.

동산초등학교 신상수 교장선생님

✿ ✿ ✿

저는 저자가 이 교재를 만드는 것을 그동안 옆에서 지켜보았습니다. 어떻게 하면 아이들이 쉽고 즐겁게 중국어를 공부할 수 있을까 하고 고민하던 많은 시간이 결국 집필이라는 인고의 시간을 통해 이처럼 배움의 꽃으로 승화했습니다. 저는 이 교과서가 아이들의 중국어 능력 향상에 크게 기여하리라 믿어 의심치 않으며, 또한 이 교재를 통하여 아이들에게 즐겁고 행복한 배움이 있기를 기원합니다.

토평중학교 심정옥 교장선생님

　　박용호 선생님이 집필 책임을 맡고 뛰어난 집필진, 연구진이 한 팀이 되어 만들어 낸 『초등학교 생활 중국어』 시리즈는 어린 학생들의 인지적 능력 발달의 특징과 학생들의 흥미를 고려하여 학습 내용 및 연습문제를 매우 잘 설계하였습니다. 내용적인 특징을 살펴보니, 첫째는 어린 학생들에게 익숙한 상황을 학습 내용에 잘 반영하였으며, 둘째는 가르치는 내용이 풍부하고, 다양한 활동을 담아 학생들이 참여를 통하여 쉽게 학습 내용을 익힐 수 있도록 하였고, 활동 소재의 선택과 설계는 초등학생의 특성을 잘 반영하고 있습니다.

북경외국어대학교 중문대학장 Zhang Xiaohui

✻ ✻ ✻

　　다년간 중국어 국제 교육과 한중 문화 교육 교류에 힘써 온 박용호 선생님이 주도하여 만드는 『초등학교 생활 중국어』 시리즈는 다년간의 중국어 교육 이론과 교학 방법 및 교학 모형 연구의 중요한 성과물이 될 것입니다. 이것은 한국의 어린이 중국어 교재 출판 영역에 있어서의 중요한 성과이며, 차후 한중 양국의 인문 교류에도 공헌하게 될 것입니다.

중국국립우한대학교 국제교육대학장 Hu Yanchu

✻ ✻ ✻

　　지금까지 한국에서 출간된, 초등학생의 단계에 알맞는 중국어 교재를 찾기란 쉽지 않습니다. 『초등학교 생활 중국어』는 한국중국어교육개발원의 대표인 박용호 선생님을 중심으로 많은 국내외 중국어 선생님들이 힘을 합쳐 그들의 다년간의 경험을 담아 내어 집필되는 첫 번째 어린이 중국어 교재가 아닌가 생각합니다. 『초등학교 생활 중국어』는 한국 교육부의 초중고 중국어 교육과정을 참고하였고, 어휘면에서는 HSK 1~3급을 참고하여 실용성과 생동감, 재미가 일체가 되어 집필되었습니다. 이제 초등학교 수준의 어린이들에게 적합한 교재가 나왔다고 할 수 있습니다.

한국외국어대학교 공자아카데미원장 Miao Chunmei

이 교재는 재미있는 문화 지식, 효과적인 언어 재료, 효율적인 교사와 학생의 활동 등이 풍부합니다. 아마도 중국어 교사라면 즐거운 마음으로 이 교재를 선택할 것입니다. 한국의 어린 학생들이 이 교재를 통하여 많은 것을 얻을 수 있기를 바랍니다.

북경어언대학교 한어대학 교수 YangJie

✾ ✾ ✾

오랫동안 한국의 중국어 교육 발전을 위해 노력해 온 박용호 선생님은 그동안 한중 양국의 교육 문화계에 중요한 영향을 끼쳤습니다. 이번에 그가 조직하여 출판하는 『초등학교 생활 중국어』는 다년간의 교육 경험, 교육 방법 교학 연구의 중요한 성과가 아닌가 생각합니다. 이것은 한국의 어린이 중국어 교재 출판에서의 신기원일 뿐 아니라, 중국 출판계에 끼치는 영향도 지대할 것입니다.

상해교통대학출판사 총경리 Li Miao

✾ ✾ ✾

이번 『초등학교 생활 중국어』의 출판은 오랜 기간 한국의 중국어 교사를 대표했던 박용호 선생님을 중심으로 다년간 초등 교육에 전념한 현직 선생님들이 집필에 직접 참여하여 쓰여졌습니다. 이 교재는 초등학교 학생 수준에 맞추어 생동감 있는 내용으로 재미있게 쓰여져 초등학생의 학습 흥미와 상상력을 일깨울 것입니다.

중국절강출판연합집단 동경지사 사장 Quan Guangri

초등학교 중국어의 세계에 들어오신 것을 환영합니다. 우리는 왜 중국어를 공부해야 할까요? 어떤 사람들은 한자와 발음 때문에 중국어가 배우기 어렵다고들 합니다. 하지만 과학적 연구 결과에 의하면, 중국어를 공부하면 인간의 좌뇌와 우뇌를 고르게 사용하게 되기 때문에, 수학, 과학, 외국어, 인문학 등 다른 영역을 공부하는 데 있어서 매우 긍정적인 영향을 끼친다고 합니다. 그래서 중국어를 공부해야 합니다. 굳이 이웃 나라 중국의 중요성에 대해서 언급하지 않더라도 말이죠. 어린이는 우리의 미래입니다. 그리고 우리 어린이들이 중국어를 공부한다는 것은 자신의 미래를 준비하는 가장 훌륭한 선택이 될 것입니다.

이 책은 다음의 기준으로 집필되었습니다.

❶ 초등학교 중국어 교과서를 지향합니다. 현재 초등학교에는 중국어가 정규 교육과정에 들어가 있지 않습니다. 그러나 이 교재는 현행 중·고등학교 중국어 교육과정을 적극 참고하여, 우리가 초등학교 교과서를 만든다는 마음가짐으로 집필하였습니다.

❷ 초등학교 중국어 선생님들이 집필하였습니다. 오랜 시간 초등학교에서 정규과목으로 중국어를 가르쳐 온 선생님들이 직접 교재를 만들면서 그동안 현장에서 쌓은 경험과 노하우를 고스란히 담았습니다.

❸ 뚜렷한 기준으로 집필되었습니다. 기준 어휘는 교육부가 선정한 중·고등학교 교육과정의 880개 어휘와 의사소통 기본 표현과 문화 부분을 참고하였습니다. 또한 HSK 1~3급의 어휘 600개를 참고하였습니다. 그리고 일주일에 한 시간 기준으로 1년에 1권씩 총 6권으로 기획되었고, 수준에 따라 낱권으로도 사용할 수 있도록 설계하였습니다.

❹ 관련 분야 전문가의 공동 작업을 실현하였습니다. 우수한 집필진은 물론이고, 그 이상의 다양한 경험과 능력을 보유한 연구진 선생님들이 교재 개발에 참여하였습니다. 또한 중국 교육부에서 파견한 원어민 교사(CPIK) 선생님들 중에서도 여러 분이 연구, 검토 및 교정에 참여해 주셨습니다.

이 교재를 통하여 어린이 여러분들이 교실에서 선생님과 함께, 혹은 가정에서 부모님과 함께 중국어를 즐겁게 공부할 수 있기를 기대합니다. 출판을 허락해 주신 넥서스 신옥희 전무님께 감사드리고, 편집의 틀을 잡아 주신 조유경 과장님, 그리고 최고의 편집자 권근희 부장님께도 감사의 말씀을 전합니다. 끝으로 우리 어린이들이 세계와 소통하는 국제인으로서 배려와 나눔을 실천하는, 더불어 사는 사람으로 성장해 주길 소망합니다.

초등학교 생활 중국어 편찬위원회

구성과 특징

네 컷 만화로 중국 문화도 배울 수 있어요!

MP3를 들으며 대화를 따라 읽어 보세요!

단어를 성모, 운모, 성조에 유의하여 정확한 발음으로 연습해 보세요!

미리 살펴봐요!

Cāi yi cāi
배울 내용을 생각해 봐요

해당 단원의 주제와 관련된 이야기를
네 컷 만화로 재미있게 구성하였습니다.
재미있게 중국어를 시작해 볼까요?

첫 번째 시간

Dú yi dú
따라 읽어 봐요

다양한 상황에서 이루어지는 대화를 통해
단원의 핵심 표현을 익힐 수 있습니다.
원어민의 정확한 발음을 들으며 따라 읽어
보면 실력이 쑥쑥 올라갑니다.

두 번째 시간

Shuō yi shuō
바꿔서 말해 봐요

앞에서 배운 핵심 표현을 다양하게
바꾸어 말해 보면서 활용 능력을
키웁니다.

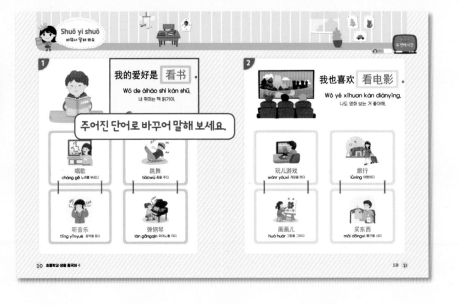

주어진 단어로 바꾸어 말해 보세요

Chàng yi chàng
신나게 불러 봐요

원어민의 정확한 발음을 들으며 따라 불러 봅니다.
여러 번 반복해서 불러 보면 좋습니다.

Wán yi wán
중국어로 놀아요

중국어를 사용하여 재미있는 모둠 활동을 해 보면서
자연스럽게 복습할 수 있도록 구성하였습니다.

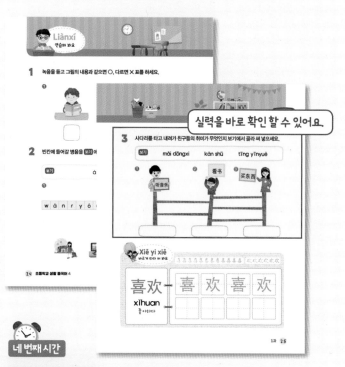

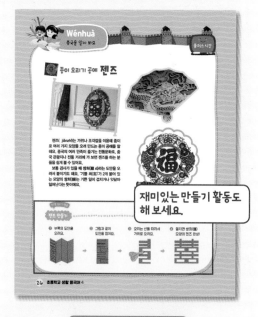

Liànxí
연습해 봐요

혼자서도 쉽게 풀 수 있는 문제로
구성하였습니다. '바르게 따라 써 봐요'에서는
간화자 쓰기를 연습합니다. 획순에 주의하며
예쁘게 따라 써 보세요.

Wénhuà
중국을 알아 봐요

한 단원을 마치고 쉬어 가면서
중국 문화 이야기를 사진과 함께 읽어 봅니다.
재미있는 만들기 활동도 해 볼 수 있습니다.

부가 자료 소개

⭐ 무료 다운로드 방법

넥서스 홈페이지(nexusbook.com) ➡ 도서명 검색 ➡ MP3 / 부가 자료 다운로드

1 MP3 음원

중국 원어민이 녹음한 음원을
들으며 연습할 수 있습니다.

2 단어 암기 동영상

단어도 이제는 영상으로 공부!
지루하지 않게 암기할 수 있습니다.

3 한어병음 결합표

b+ai

한어병음을 한눈에!
벽에 붙여 놓고 외우면 끝입니다.

4 단어장

언제 어디서든 간편하게
휴대하며 외울 수 있습니다.

5 간화자 쓰기 노트

国

본문에 나온 단어의 기본 글자를
획순과 함께 익힙니다.

QR 코드로 간편하게 MP3 듣기

스마트폰으로
QR코드를 스캔하세요!

차례

1과

的 de ～의
是 shì ～이다
爱好 àihào 취미
看 kàn 보다
书 shū 책
喜欢 xǐhuan 좋아하다
电影 diànyǐng 영화
呢 ne ～는요?
也 yě ～도,또한
们 men ～들
一起 yìqǐ 같이, 함께
吧 ba ～하자 [권유 · 명령]
唱 chàng 부르다

歌 gē 노래
跳舞 tiàowǔ 춤을 추다
听 tīng 듣다
音乐 yīnyuè 음악
弹 tán (악기를) 치다
钢琴 gāngqín 피아노
玩儿 wánr 놀다
游戏 yóuxì 게임
旅行 lǚxíng 여행하다
画 huà 그리다
画儿 huàr 그림
买 mǎi 사다
东西 dōngxi 물건, 음식

2과

饿 è 배고프다
先 xiān 먼저
吃 chī 먹다
好 hǎo 좋다
想 xiǎng ～하고 싶다
面包 miànbāo 빵
不 bù 아니다
喝 hē 마시다
果汁 guǒzhī 주스
打扫 dǎsǎo 청소하다
房间 fángjiān 방

做 zuò 하다
作业 zuòyè 숙제
擦 cā 닦다
黑板 hēibǎn 칠판
打开 dǎkāi 열다
窗户 chuānghu 창문
米饭 mǐfàn 밥
面条 miàntiáo 국수
茶 chá 차
饮料 yǐnliào 음료

3과

足球 zúqiú 축구
比赛 bǐsài 시합, 경기
赢 yíng 이기다
真 zhēn 정말, 진짜
棒 bàng 대단하다
会 huì ～할 줄 알다
踢 tī 차다
打 dǎ 때리다
篮球 lánqiú 농구
棒球 bàngqiú 야구

保龄球 bǎolíngqiú 볼링
网球 wǎngqiú 테니스
太极拳 tàijíquán 태극권
滑雪 huáxuě 스키를 타다
滑冰 huábīng
　　　스케이트를 타다
游泳 yóuyǒng 수영하다
跳绳 tiàoshéng
　　　줄넘기를 하다

4과

表演 biǎoyǎn 공연
快～了 kuài ～ le
　　　곧 ～하다
开始 kāishǐ 시작하다
俩 liǎ 두 사람
紧张 jǐnzhāng 긴장하다
有点儿 yǒudiǎnr 조금
太～了 tài ～ le
　　　너무 ～하다
放心 fàngxīn 안심하다
一定 yídìng 반드시
会～的 huì ～ de
　　　～할 것이다

做好 zuòhǎo
　　　(일을) 해내다
加油 jiāyóu 파이팅
生气 shēngqì 화나다
着急 zháojí 급하다
害怕 hàipà 무서워하다
难过 nánguò 슬퍼하다
高兴 gāoxìng 기뻐하다
感动 gǎndòng 감동하다
舒服 shūfu 편안하다
幸福 xìngfú 행복하다

5과

今天 jīntiān 오늘

天气 tiānqì 날씨

怎么样 zěnmeyàng 어때?

听说 tīngshuō 듣자 하니

下 xià 내리다

雨 yǔ 비

哪个 nǎge 어느 (것)

季节 jìjié 계절

秋天 qiūtiān 가을

冷 lěng 춥다

热 rè 덥다

不~不~ bù ~ bù ~
~하지도 ~하지도 않다

春天 chūntiān 봄

很 hěn 아주, 매우

暖和 nuǎnhuo 따뜻하다

雪 xuě 눈

刮 guā 불다

风 fēng 바람

打雷 dǎléi 번개가 치다

晴天 qíngtiān 맑은 하늘

夏天 xiàtiān 여름

凉快 liángkuai 시원하다

冬天 dōngtiān 겨울

6과

去 qù 가다

过 guo ~한 적 있다[경험]

西安 Xī'ān 시안
[중국의 도시]

没 méi ~않다 [과거 부정]

兵马俑 bīngmǎyǒng
병마용

它 tā 그, 그것[동물·
사물을 가리킴]

雄壮 xióngzhuàng
웅장하다

首尔 Shǒu'ěr 서울

巴黎 Bālí 파리

伦敦 Lúndūn 런던

华盛顿 Huáshèngdùn
워싱턴

京剧 jīngjù 경극

变脸 biànliǎn 변검

中国 Zhōngguó 중국

小说 xiǎoshuō 소설

电影 diànyǐng 영화

7과

喂 wéi 여보세요

在~呢 zài ~ ne
~하고 있다,
~하는 중이다

有 yǒu 있다

事 shì 일

生日 shēngrì 생일

祝 zhù 축하하다,기원하다

快乐 kuàilè 즐겁다

谢谢 Xièxie 고맙다,
감사하다

来 lái 오다

家 jiā 집

写 xiě 쓰다

卡 kǎ 카드

跑步 pǎobù 달리다

电话 diànhuà 전화

电视 diànshì TV,
텔레비전

新年 xīnnián 새해

中秋节 Zhōngqiū Jié 추석

圣诞节 Shèngdàn Jié
성탄절

旅游 lǚyóu 여행

8과

什么时候 shénme shíhou
언제

起床 qǐchuáng 일어나다

早上 zǎoshang 아침

点 diǎn ~시

睡觉 shuìjiào 잠을 자다

晚上 wǎnshang 저녁

睡 shuì (잠을) 자다

得 de 정도를 나타냄

晚 wǎn 늦다

早 zǎo 일찍, 이르다

(一)点儿 (yì)diǎnr
조금, 약간

早饭 zǎofàn 아침밥

洗澡 xǐzǎo 목욕하다

上课 shàngkè 수업하다

下课 xiàkè 수업이끝나다

回 huí 돌아가다, 돌아오다

准备 zhǔnbèi 준비하다

休息 xiūxi 쉬다

出发 chūfā 출발하다

 **학습 목표**

과	단원명	학습 목표	찬트	활동	문화
1	**我的爱好是看书。** 내 취미는 책 읽기야.	• 좋아하는 취미를 말하는 표현 익히기	취미	동작 맞추기	종이 오리기 공예 젠즈
2	**我想喝果汁。** 나는 주스 마시고 싶어.	• 먹고 마시고 싶은 음식 말하는 표현 익히기	희망	문장 루미큐브	남녀노소 즐겨 마시는 차
3	**我会打篮球。** 나는 농구 할 줄 알아.	• 할 줄 아는 운동을 말하는 표현 익히기	운동	메모리 게임	중국인들이 즐겨 하는 운동
4	**我有点儿紧张。** 나 좀 긴장돼.	• 감정 표현 익히기	감정	찢기 빙고	중국의 전통 공연 예술 경극
5	**我喜欢秋天。** 나는 가을을 좋아해.	• 날씨와 계절을 말하는 표현 익히기	날씨와 계절	같은 그림 찾기 게임	눈과 얼음의 축제 빙등제
6	**我去过西安。** 난 시안에 가 봤어.	• 경험을 나타내는 표현 익히기	경험	말판 게임	역사의 도시 시안
7	**喂，你在做什么呢?** 여보세요, 너 뭐 하고 있어?	• 동작의 진행을 말하는 표현 익히기	진행	단어 오목 게임	중국 사람들이 싫어하는 선물
8	**我早上七点起床。** 나는 아침 7시에 일어나.	• 하루 일과를 나타내는 표현 익히기	하루 일과	윷놀이 말판 게임	중국 초등학교의 아침 풍경

시간 배당 각 과 4차시씩 총 32차시

5권 학습 목표 미리 보기

과	단원명	학습 목표	활동	성어
1	你喜欢上什么课? 너는 무슨 수업 좋아해?	• 좋아하고 싫어하는 과목 말하는 표현 익히기	말판 게임	一举两得 일거양득
2	我的铅笔不见了。 내 연필이 안 보여.	• '吧'를 사용한 문장 표현 익히기 • '把'를 사용한 문장 표현 익히기	문구류 찾기	刮目相看 괄목상대
3	我想当漫画家。 나는 만화가가 되고 싶어.	• 장래 희망 말하기 • '虽然~但是~'를 사용한 문장 표현 익히기	미래 직업 북 만들기	大器晚成 대기만성
4	你能吃辣的吗? 너는 매운 것을 먹을 수 있니?	• 다양한 맛 표현 익히기 • '能'을 사용한 문장 표현 익히기	중국 음식 소개하기	渔父之利 어부지리
5	今天我们要考试。 오늘 우리는 시험을 볼 거야.	• '要'를 사용한 문장 표현 익히기 • '~好了'를 사용한 문장 표현 익히기	문장 만들기 게임	小贪大失 소탐대실
6	你哪儿不舒服? 너는 어디가 아프니?	• 아플 때 사용하는 표현 익히기	암호 풀기 게임	亡羊补牢 망양보뢰
7	往前走就是校长室。 앞으로 가면 바로 교장실이야.	• '往'과 '在'를 사용한 방향과 위치 표현 익히기	눈 가리고 길 찾아가기 게임	守株待兔 수주대토
8	我坐公共汽车回家。 나는 버스를 타고 집에 가.	• 다양한 교통수단 표현 익히기 • '好像'을 사용한 문장 표현 익히기	주사위 게임	拔苗助长 발묘조장

🕐 **시간 배당** 각 과 4차시씩 총 32차시

4권에서는 4학년이 된 친구들의 이야기가 펼쳐집니다. 중국에서 학교를 다니며 중국어 실력이 쑥쑥 오른 아리와 유준이, 그리고 중국 친구 징징이와 베이베이를 만나러 함께 가 볼까요?

아리Ālì
한국인, 초등학교 4학년

활발하고 명랑한 아리는 중국어 공부에 푹 빠졌어요.

유준Yǒujùn
한국인, 초등학교 4학년

씩씩한 유준이는 중국의 모든 것에 관심이 많아요.

베이베이Bèibei
중국인, 초등학교 4학년

엉뚱하지만 친절한 베이베이는 친구들의 중국어 공부를 도와줘요.

징징Jīngjing
중국인, 초등학교 4학년

똑똑하고 귀여운 징징이는 아리와 유준이의 단짝 친구예요.

왕왕이

1과 我的爱好是看书。

내 취미는 책 읽기야.

Cāi yi cāi
배울 내용을 생각해 봐요

넌 취미가 뭐야?

내 취미는 책 읽기야.

나도 책 읽는 거 좋아해. 또 다른 취미도 있어?

젠즈(jiǎnzhǐ)라는 전통 종이 공예도 좋아해.

젠즈?

응, 종이를 오려서 여러 가지 모양을 만드는 거야. 내가 만든 거 보여 줄까?

우와, 예쁜데? 나도 해 보고 싶어.

내가 알려 줄게. 같이 해 보자.

오늘 배울 내용은 　　　　　　　 예요.

MP3 1-1

你喜欢看电影吗？
Nǐ xǐhuan kàn diànyǐng ma?

我喜欢看电影。你呢？
Wǒ xǐhuan kàn diànyǐng. Nǐ ne?

我也喜欢看电影。
Wǒ yě xǐhuan kàn diànyǐng.

我们一起看电影吧。
Wǒmen yìqǐ kàn diànyǐng ba.

단어를 익혀요! 🎧 MP3 1-2

的 de ~의	爱好 àihào 취미	是 shì ~이다	看 kàn 보다
书 shū 책	喜欢 xǐhuan 좋아하다	电影 diànyǐng 영화	呢 ne ~는요?
也 yě ~도, 또한	们 men ~들	一起 yìqǐ 같이, 함께	吧 ba ~하자 [권유·명령]

Shuō yi shuō
바꿔서 말해 봐요

1

我的爱好是 **看书** 。

Wǒ de àihào shì kàn shū.

내 취미는 책 읽기야.

잠깐!
"的"는 '~의'라는 뜻으로, 뒤에 있는 단어를 꾸며 줄 때 사용해요.

唱歌
chàng gē 노래를 부르다

听音乐
tīng yīnyuè 음악을 듣다

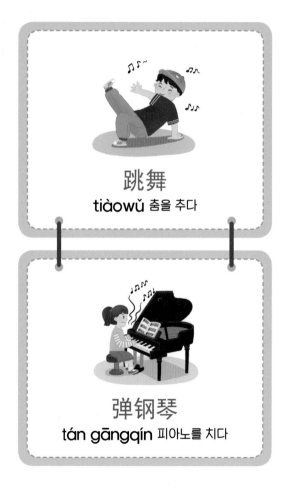

跳舞
tiàowǔ 춤을 추다

弹钢琴
tán gāngqín 피아노를 치다

MP3

2

我也喜欢 看电影 。

Wǒ yě xǐhuan kàn diànyǐng.

나도 영화 보는 거 좋아해.

玩儿游戏
wánr yóuxì 게임을 하다

画画儿
huà huàr 그림을 그리다

旅行
lǚxíng 여행하다

买东西
mǎi dōngxi 물건을 사다

Chàng yi chàng
신나게 불러 봐요

취미

爱好 Àihào	爱好 Àihào	你的爱好是什么? Nǐ de àihào shì shénme?
看书 Kàn shū	看书 Kàn shū	我的爱好是看书。 Wǒ de àihào shì kàn shū.
电影 Diànyǐng	电影 Diànyǐng	你喜欢看电影吗? Nǐ xǐhuan kàn diànyǐng ma?
喜欢 Xǐhuan	喜欢 Xǐhuan	我喜欢看电影。 Wǒ xǐhuan kàn diànyǐng.

취미	취미	너는 취미가 뭐야?
책 읽기	책 읽기	내 취미는 책 읽기야.
영화	영화	너 영화 보는 거 좋아해?
좋아해	좋아해	나 영화 보는 거 좋아해.

Wán yi wán
중국어로 놀아요

동작 맞추기

105쪽 오리기 활용

준비물 단어 카드

1. 각 모둠별로 부록에 있는 단어 카드를 오려 섞어요.

2. 각 모둠의 대표가 나와서 가위바위보로 순서를 정해요.

3. 모둠의 대표 한 명이 나와서 정해진 시간 내에 단어 카드를 보고 동작으로 설명해요.
   모둠에서 한 명이 단어 카드를 뒤에서 들고 있어요.

4. 나머지 모둠원들은 동작을 보고 무슨 단어인지 맞혀요.
   답을 말할 때는 "Wǒ xǐhuan ○○."라고 문장으로 말해야 해요.

5. 정해진 시간 내에 단어를 맞힌 개수만큼 점수를 얻어요.

Wǒ xǐhuan kàn shū.

看书

Liànxí
연습해 봐요

1 녹음을 듣고 그림의 내용과 같으면 ○, 다르면 ✕ 표를 하세요.

❶

❷

2 빈칸에 들어갈 병음을 보기 에서 찾아 써 넣으세요.

보기 à o x r

3 사다리를 타고 내려가 친구들의 취미가 무엇인지 보기에서 골라 써 넣으세요.

보기   mǎi dōngxi   kàn shū   tīng yīnyuè

① 听音乐

② 看书

③ 买东西

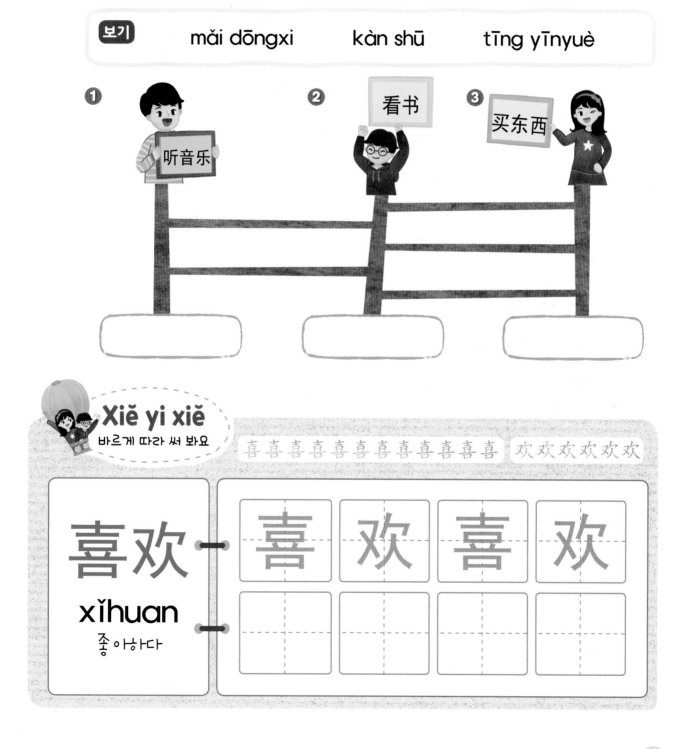

Xiě yi xiě
바르게 따라 써 봐요

喜喜喜喜喜喜喜喜喜喜喜喜   欢欢欢欢欢欢

喜欢
xǐhuan
좋아하다

喜 欢 喜 欢

종이 오리기 공예 젠즈

젠즈(剪纸 jiǎnzhǐ)는 가위나 조각칼을 이용해 종이로 여러 가지 모양을 오려 만드는 종이 공예를 말해요. 중국의 여러 민족이 즐기는 전통문화로, 중국 관광지나 전통 거리에 가 보면 젠즈를 하는 분들을 쉽게 볼 수 있어요.

보통 경사가 있을 때 쌍희(囍 xǐ)라는 도안을 오려서 붙이기도 해요. '기쁠 희(喜)'가 2개 붙어 있는 모양의 쌍희(囍)는 기쁜 일이 겹치거나 잇달아 일어난다는 뜻이에요.

107쪽 오리기 활용

젠즈 만들기

① 부록의 도안을 오려요.

② 그림과 같이 도안을 접어요.

③ 오리는 선을 따라서 가위로 오려요.

④ 펼치면 쌍희(囍) 모양의 젠즈 완성!

 →  →  →

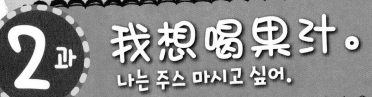

2과 我想喝果汁。
나는 주스 마시고 싶어.

你想吃什么?
Nǐ xiǎng chī shénme?

 我想吃面包。
Wǒ xiǎng chī miànbāo.

你也想吃吗?
Nǐ yě xiǎng chī ma?

 我不想吃面包。
Wǒ bù xiǎng chī miànbāo.

我想喝果汁。
Wǒ xiǎng hē guǒzhī.

단어를 익혀요! MP3 2-2

饿 è 배고프다	先 xiān 먼저	吃 chī 먹다	好 hǎo 좋다
想 xiǎng ～하고 싶다	面包 miànbāo 빵	不 bù 아니다	喝 hē 마시다
果汁 guǒzhī 주스			

1

我们先 吃东西 吧。

Wǒmen xiān chī dōngxi ba.

우리 우선 뭐 먹자.

잠깐!

"先"은 '먼저, 우선'이라는 뜻으로,
처음 순서를 표현할 때 사용해요.

打扫房间
dǎsǎo fángjiān 방을 청소하다

擦黑板
cā hēibǎn 칠판을 닦다

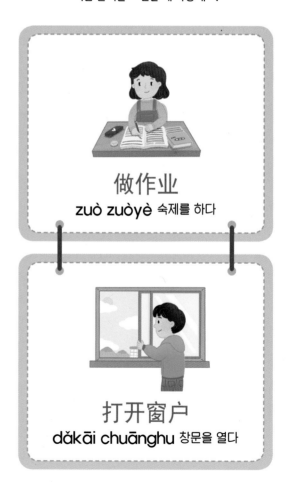

做作业
zuò zuòyè 숙제를 하다

打开窗户
dǎkāi chuānghu 창문을 열다

2

我想 吃面包 。

Wǒ xiǎng chī miànbāo.

나는 빵을 먹고 싶어.

잠깐!

"想"은 '~하고 싶다'라는 뜻으로,
희망이나 계획을 표현할 때 사용해요.

吃米饭
chī mǐfàn 밥을 먹다

吃面条
chī miàntiáo 국수를 먹다

喝茶
hē chá 차를 마시다

喝饮料
hē yǐnliào 음료를 마시다

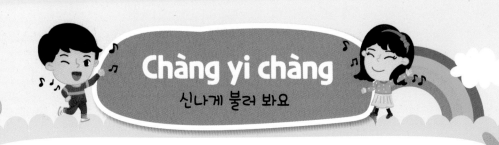

희망

吃 Chī	吃 Chī	你想吃什么? Nǐ xiǎng chī shénme?
面包 Miànbāo	面包 Miànbāo	我想吃面包。 Wǒ xiǎng chī miànbāo.
吃 Chī	吃 Chī	你也想吃吗? Nǐ yě xiǎng chī ma?
不 Bù	不 Bù	我不想吃面包。 Wǒ bù xiǎng chī miànbāo.

먹어	먹어	너 뭐 먹고 싶어?
빵	빵	나는 빵 먹고 싶어.
먹어	먹어	너도 먹고 싶어?
아니	아니	나는 빵 먹고 싶지 않아.

Wán yi wán
중국어로 놀아요

문장 루미큐브

109, 111쪽 오리기 활용

준비물 단어 카드

1. 부록에 있는 단어 카드를 오려요.

2. 카드를 섞은 후 한 사람당 8장씩 나눠 가지고 남은 카드는 중간에 뒤집어서 쌓아 놓아요.

3. 가위바위보로 순서를 정해서 한 명씩 카드를 내려놓아요.
   이때 '想 xiǎng' 카드를 먼저 내고 그 다음은 '想 xiǎng' 앞뒤로 연결되는 단어 카드를 내야 해요.

4. 낼 수 있는 카드가 없다면 중간에 놓인 카드에서 한 장을 가져와요.

5. 가장 먼저 자기 카드를 모두 내어서 남은 카드가 없는 사람이 승리해요.

응용 모둠을 나누어 모둠 대항으로 해도 돼요.

1 녹음을 듣고 그림의 내용과 같으면 ○, 다르면 ✕ 표를 하세요.

❶

❷

2 그림의 상황에 맞는 단어를 골라 ○ 표를 하세요.

❶

你想吃 面条 ┃ 面包 吗?
Nǐ xiǎng chī miàntiáo ┃ miànbāo ma?

我想吃 面条 ┃ 面包 。
Wǒ xiǎng chī miàntiáo ┃ miànbāo 。

❷

我们先 做作业 ┃ 擦黑板 吧。
Wǒmen xiān zuò zuòyè ┃ cā hēibǎn ba.

3 그릇에 쓰여진 단어에 맞는 음식과 음료를 보기에서 골라 써 넣으세요.

보기   茶   面条   果汁   米饭
       chá   miàntiáo   guǒzhī   mǐfàn

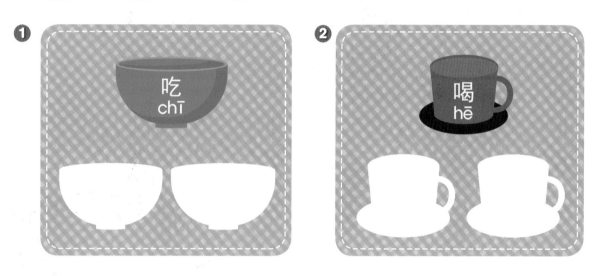

① 吃 chī

② 喝 hē

Xiě yi xiě
바르게 따라 써 봐요

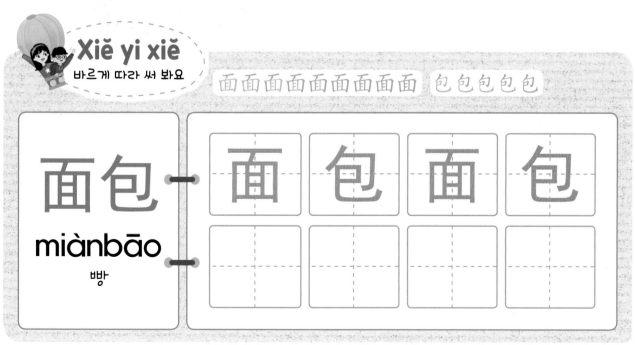

面面面面面面面面面   包包包包包

面包
miànbāo
빵

面 包   面 包

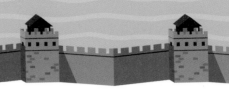

남녀노소 즐겨 마시는 차

우리나라 사람들은 차보다는 커피나 음료수를 많이 마시지만 중국인들은 따뜻한 차를 즐겨 마셔요.

차는 중국인의 일상생활에서 빠질 수 없는 음료예요. 가정에서는 물론이고, 관공서나 직장에서도 각자의 찻잔이나 차를 우려내는 병을 지니고 다니면서 차를 즐겨요. 우리가 잘 아는 녹차 외에도 재스민 차, 홍차, 우롱차 등 차의 종류도 매우 다양해요.

요즘은 중국 사람들도 커피를 많이 마시게 되어서, 찻집 외에 커피숍도 많이 생기고 있다고 해요.

113쪽 오리기 활용

찻집 메뉴판 만들기

❶ 부록의 도안을 오려 나만의 가게 이름을 쓰고 꾸며요.

❷ 네모칸에 색지나 흰 종이를 접어 붙여요.

❸ 붙인 종이 안에 음식과 음료 그림을 그려 넣고 중국어로 이름을 적어요.

➡

➡

3과 我会打篮球。
나는 농구 할 줄 알아.

Cāi yi cāi
배울 내용을 생각해 보요

✏️ 오늘 배울 내용은 ⬜ 예요.

Dú yi dú
따라 읽어 봐요

足球比赛你们赢了吗?
Zúqiú bǐsài nǐmen yíng le ma?

我们赢了。
Wǒmen yíng le.

你们真棒!
Nǐmen zhēn bàng!

MP3 3-1

你会踢足球吗?
Nǐ huì tī zúqiú ma?

我不会踢足球。
Wǒ bú huì tī zúqiú.

我会打篮球。
Wǒ huì dǎ lánqiú.

단어를 익혀요! MP3 3-2

足球 zúqiú 축구　　　　比赛 bǐsài 시합, 경기　　　　赢 yíng 이기다

真 zhēn 정말, 진짜　　　棒 bàng 대단하다　　　　会 huì ~할 줄 알다

踢 tī 차다　　　　　　打 dǎ 때리다　　　　　篮球 lánqiú 농구

1

我会 打篮球 。

Wǒ huì dǎ lánqiú.

나는 농구 할 줄 알아.

잠깐!
"会"는 '~할 줄 알다'라는 뜻으로, 어떤 일을 배워서 할 줄 안다는 것을 표현할 때 사용해요.

打棒球
dǎ bàngqiú 야구를 하다

打网球
dǎ wǎngqiú 테니스를 하다

打保龄球
dǎ bǎolíngqiú 볼링을 하다

打太极拳
dǎ tàijíquán 태극권을 하다

MP3 3-3

2

我不会 踢足球 。

Wǒ bú huì tī zúqiú.

나는 축구 할 줄 몰라.

잠깐!
"不会"는 '~할 줄 모른다'라는 뜻으로,
'会'의 부정을 표현할 때 사용해요.

滑雪
huáxuě 스키를 타다

滑冰
huábīng 스케이트를 타다

游泳
yóuyǒng 수영하다

跳绳
tiàoshéng 줄넘기를 하다

Chàng yi chàng
신나게 불러 봐요

운동

比赛 Bǐsài	比赛 Bǐsài	你们赢了吗? Nǐmen yíng le ma?
赢了 Yíng le	赢了 Yíng le	我们赢了。 Wǒmen yíng le.
足球 Zúqiú	足球 Zúqiú	你会踢足球吗? Nǐ huì tī zúqiú ma?
不会 Bú huì	不会 Bú huì	我不会踢足球。 Wǒ bú huì tī zúqiú.

시합	시합	너희가 이겼어?
이겼어	이겼어	우리가 이겼어.
축구	축구	너는 축구 할 줄 아니?
할 줄 몰라	할 줄 몰라	나는 축구 할 줄 몰라.

Wán yi wán
중국어로 놀아요

메모리 게임

115쪽 오리기 활용

준비물 단어 카드

1. 두 사람이 짝을 지어요.

2. 부록에 있는 카드를 오린 후 바닥에 뒤집어서 놓고, 한 사람씩 돌아가며 카드 두 장씩 뒤집어요.

3. 같은 그림이 나오면 카드를 뒤집은 사람에게 "Nǐ huì ○○ ma?" 하고 물어봐요.

4. 카드를 뒤집은 사람은 "Wǒ huì ○○." 또는 "Wǒ bú huì ○○." 하고 대답해요.

5. 정확하게 대답을 하면 카드를 가져가요.

6. 마지막에 카드를 더 많이 가진 사람이 이겨요.

3과 我会打篮球。 43

1 녹음을 듣고 그림의 내용과 같으면 〇, 다르면 ✕ 표를 하세요.

❶

❷

2 선을 따라 누가 어떤 운동을 할 줄 아는지 써서 문장을 완성하세요.

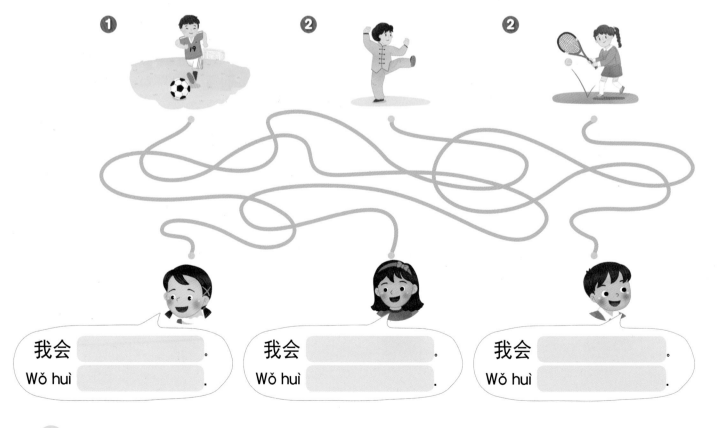

我会   。
Wǒ huì

我会   。
Wǒ huì

我会   。
Wǒ huì

🎧 MP3 **3-5**

3 그림을 보고 뜻에 맞는 중국어와 연결한 후 알맞은 병음을 보기 에서 찾아 써 보세요.

보기 　tiàoshéng　　yíng　　bàngqiú

① 　　　　　　　我们赢了。
　　　　　　　　Wǒmen _____ le.

② 　　　　　　　我会跳绳。
　　　　　　　　Wǒ huì _____.

③ 　　　　　　　我不会打棒球。
　　　　　　　　Wǒ bú huì dǎ _____.

Xiě yi xiě
바르게 따라 써 봐요

篮篮篮篮篮篮篮篮篮篮篮篮篮篮篮
球球球球球球球球球球球

篮球 — 篮 球 篮 球

lánqiú
농구

중국인들이 즐겨 하는 **운동**

중국인들이 가장 좋아하는 운동 중 하나는 탁구 예요. 중국은 올림픽과 같은 세계 대회에서 항상 우승을 하는 탁구 강국이에요.

또 중국 전통 운동인 태극권도 중국인들이 즐겨 하는 운동이에요. 중국에서 아침 산책을 하다 보면 공원에서 아주 느린 동작으로 원을 그리며 태극권을 하는 사람들을 볼 수 있어요.

제기차기는 주로 아이들이 즐겨 하는 놀이이자 운동이에요. 젠즈(毽子 jiànzi)라고 하는데, 우리나라 제기와 달리 깃털이 달려 있어요.

제기 만들기

❶ 신문지를 정사각형으로 자른 후 반으로 접고, 위에 동전 크기만큼 남겨 두고 수술 모양으로 잘라요.

❷ 동전 두 개를 실로 묶은 뒤 신문지 가운데 두어요.

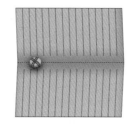

❸ 신문지를 돌돌 말아서 반을 접고 고무줄로 묶어요.

4과 我有点儿紧张。

나 좀 긴장돼.

오늘 배울 내용은 　　　　　　예요.

Dú yi dú
따라 읽어 봐요

MP3 4-1

表演快开始了。
Biǎoyǎn kuài kāishǐ le.

你们俩紧张吗?
Nǐmen liǎ jǐnzhāng ma?

我有点儿紧张。
Wǒ yǒudiǎnr jǐnzhāng.

我太紧张了。
Wǒ tài jǐnzhāng le.

放心吧。
Fàngxīn ba.

你们一定会做好的。
Nǐmen yídìng huì zuòhǎo de.

加油!
Jiāyóu!

단어를 익혀요! MP3 4-2

表演 biǎoyǎn 공연	快~了 kuài ~ le 곧 ~하다	开始 kāishǐ 시작하다
俩 liǎ 두 사람	紧张 jǐnzhāng 긴장하다	有点儿 yǒudiǎnr 조금
太~了 tài ~ le 너무 ~하다	放心 fàngxīn 안심하다	一定 yídìng 반드시
会~的 huì ~ de ~할 것이다	做好 zuòhǎo (일을) 해내다	加油 jiāyóu 파이팅

1

시험장

我有点儿 紧张 。

Wǒ yǒudiǎnr jǐnzhāng.
나 좀 긴장돼.

잠깐!

"有点儿"은 '조금, 약간'이라는 뜻으로,
정도가 깊지 않은 것을 나타낼 때 사용하며
주로 부정적인 단어에 사용해요.

生气
shēngqì 화나다

害怕
hàipà 무서워하다

着急
zháojí 급하다

难过
nánguò 슬퍼하다

🎧 MP3 4-3

2

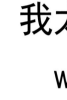

我太 ｜ 紧张 ｜ 了。

Wǒ tài jǐnzhāng le.

나는 너무 긴장돼.

잠깐!
"太~了"은 '너무 ~하다'라는 뜻으로,
정도가 심한 것을 표현할 때 사용해요.

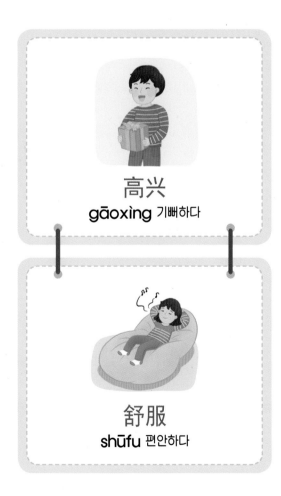

高兴
gāoxìng 기뻐하다

舒服
shūfu 편안하다

感动
gǎndòng 감동하다

幸福
xìngfú 행복하다

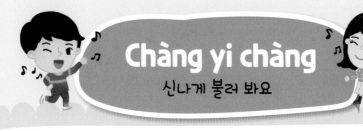

감정

紧张 Jǐnzhāng	紧张 Jǐnzhāng	你们俩紧张吗？ Nǐmen liǎ jǐnzhāng ma?
有点儿 Yǒudiǎnr	有点儿 Yǒudiǎnr	我有点儿紧张。 Wǒ yǒudiǎnr jǐnzhāng.
放心 Fàngxīn	放心 Fàngxīn	你们放心吧。 Nǐmen fàngxīn ba.
一定 Yídìng	一定 Yídìng	你们会做好的。 Nǐmen huì zuòhǎo de.

긴장	긴장	너희 둘 긴장되니?
조금	조금	저는 조금 긴장돼요.
안심해	안심해	너희들 안심해.
반드시	반드시	너희는 잘해 낼 거야.

찢기 빙고

117쪽 오리기 활용

준비물 빙고판

1. 본문에 나온 단어를 빙고 칸에 자유롭게 적어요.

2. 선생님이 부르는 단어가 빙고 칸의 양쪽 끝에 있으면 그 부분을 찢어요.
   (끝에 있는 단어부터 차례대로 찢을 수 있어요.)

3. 선생님은 단어를 섞어 반복하여 부를 수 있어요.

4. 가장 먼저 승리 칸만 남은 학생이 이겨요.

Liànxí
연습해 봐요

1 녹음을 듣고 그림의 내용과 같으면 ○, 다르면 ✕ 표를 하세요.

①

②

2 빈칸에 공통으로 들어갈 말을 보기 에서 찾아 써 보세요.

보기   着急   害怕   幸福
           zháojí   hàipà   xìngfú

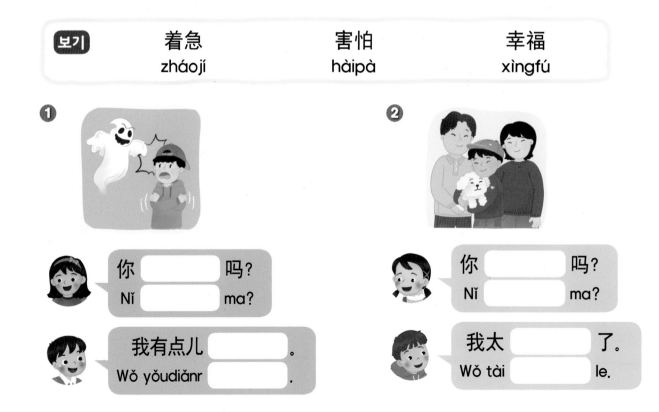

① 你 [   ] 吗?
Nǐ [   ] ma?

我有点儿 [   ] 。
Wǒ yǒudiǎnr [   ] .

② 你 [   ] 吗?
Nǐ [   ] ma?

我太 [   ] 了。
Wǒ tài [   ] le.

3 표정에 알맞은 병음을 보기 에서 찾아 쓰고 뜻도 쓰세요.

보기　　　　　ò　ē　ì

① sh□ngqì

② gāox□ng

② nángu□

Xiě yi xiě
바르게 따라 써 봐요

紧紧紧紧紧紧紧紧紧紧　张张张张张张张

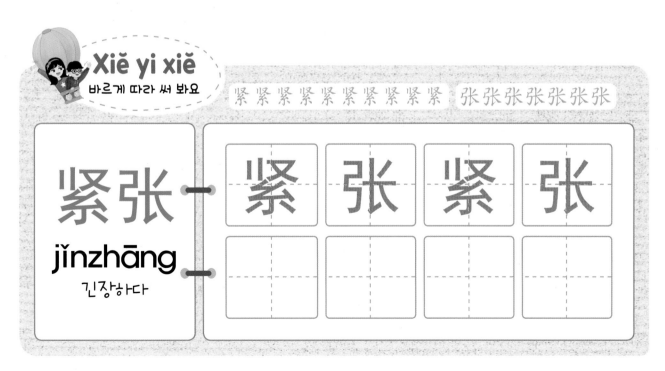

紧张 — 紧　张　紧　张

jǐnzhāng
긴장하다

중국의 전통 공연 예술 경극

'베이징 오페라'라고 불리는 경극(京劇 Jīngjù)은 노래, 대사, 춤, 무술 동작이 합쳐진 종합 공연 예술이에요. 경극 내용은 주로 역사 이야기나 교훈적인 이야기들이고, 배우들은 중국 전통 음악에 맞추어 노래도 부르고 연기도 하고 무술도 해요.

경극 배우의 얼굴 분장은 색깔과 문양에 따라서 인물의 성격을 나타내요. 붉은색은 충성스러움, 검은색은 정직함과 성실함, 흰색은 간사함, 녹색은 거친 성격, 노란색은 악한 성격을 나타내요.

119쪽 오리기 활용

경극가면 색칠하기

❶ 부록에 있는 가면을 오려요. ❷ 가면을 예쁘게 색칠하여 꾸며요.

학생 작품 예시

Cāi yi cāi
배울 내용을 생각해 봐요

너무 예쁘다! 저게 다 얼음으로 만든 거야?

응, 얼음 조각에 조명을 비추니까 정말 예쁘지? 이곳 하얼빈의 얼음 축제는 세계적으로 유명해.

하얼빈은 겨울에 영하 30도까지 내려가서 얼음 조각이 녹지 않는대.

영하 30도? 어쩐지 춥더라. 렁(Lěng)!

-30℃

맞아, 진짜 춥다. 얼음 축제는 좋지만, 역시 난 겨울보다 따뜻한 봄이 좋아.

나도, 나도!

✏ 오늘 배울 내용은 ☐ 예요.

Dú yi dú

따라 읽어 봐요

今天天气怎么样?
Jīntiān tiānqì zěnmeyàng?

听说今天下雨。
Tīngshuō Jīntiān xià yǔ.

🎧 MP3 5-1

 你喜欢哪个季节？
Nǐ xǐhuan nǎge jìjié?

 我喜欢秋天，
Wǒ xǐhuan qiūtiān,

不冷也不热。你呢？
bù lěng yě bú rè. Nǐ ne?

 我喜欢春天，
Wǒ xǐhuan chūntiān,

春天很暖和。
chūntiān hěn nuǎnhuo.

단어를 익혀요! 🎧 MP3 5-2

今天 jīntiān 오늘	天气 tiānqì 날씨	怎么样 zěnmeyàng 어때?
听说 tīngshuō 듣자 하니	下 xià 내리다	雨 yǔ 비
哪个 nǎge 어느 (것)	季节 jìjié 계절	秋天 qiūtiān 가을
冷 lěng 춥다	热 rè 덥다	不~不~ bù ~ bù ~ ~하지도 ~하지도 않다
春天 chūntiān 봄	很 hěn 아주, 매우	暖和 nuǎnhuo 따뜻하다

1

听说今天 下雨 。

Tīngshuō jīntiān xià yǔ.

듣자 하니 오늘 비가 온대.

"听说"는 '듣자 하니'라는 뜻이에요.
누군가에게 들은 이야기를 표현할 때 사용해요.

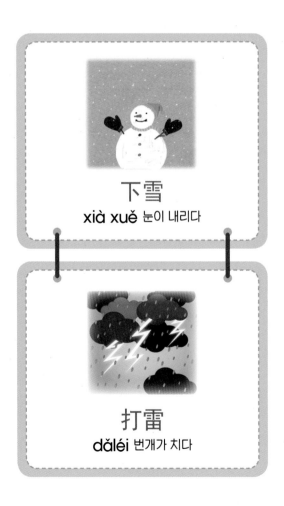

下雪
xià xuě 눈이 내리다

打雷
dǎléi 번개가 치다

刮风
guā fēng 바람이 불다

晴天
qíngtiān 맑은 하늘

2

春天 很 暖和 。

Chūntiān hěn nuǎnhuo.

봄은 아주 따뜻해.

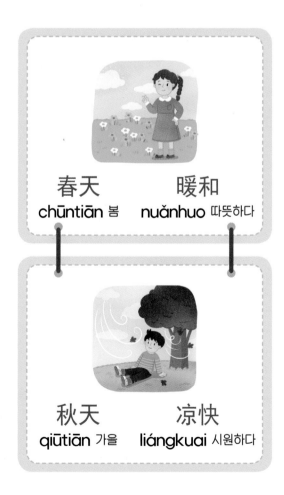

春天
chūntiān 봄

暖和
nuǎnhuo 따뜻하다

秋天
qiūtiān 가을

凉快
liángkuai 시원하다

夏天
xiàtiān 여름

热
rè 덥다

冬天
dōngtiān 겨울

冷
lěng 춥다

날씨와 계절

天气　　天气　　今天天气怎么样？
Tiānqì　Tiānqì　Jīntiān tiānqì zěnmeyàng?

下雨　　下雨　　听说今天下雨。
Xià yǔ　Xià yǔ　Tīngshuō Jīntiān xià yǔ.

季节　　季节　　你喜欢哪个季节？
Jìjié　　Jìjié　　Nǐ xǐhuan nǎge jìjié?

秋天　　秋天　　我喜欢秋天。
Qiūtiān　Qiūtiān　Wǒ xǐhuan qiūtiān.

날씨　　　날씨　　오늘 날씨가 어때?
비 와　　비 와　　듣자 하니 오늘 비가 온대.
계절　　　계절　　너는 어느 계절을 좋아해?
가을　　　가을　　나는 가을을 좋아해.

같은 그림 찾기 게임

121, 123쪽 오리기 활용

준비물 단어 카드

1. 부록에 있는 카드를 오려서 섞어요.

2. 각자 한 장씩 카드를 가져가고, 나머지 카드는 가운데 모아 놓아요.

3. 한 사람씩 순서대로 돌아가면서 가운데 놓인 카드에서 한 장을 뒤집어요.

4. 자신의 카드에 있는 그림[단어] 중 같은 그림[단어]이 나오면 재빨리 그 단어를 중국어로 말해요.

5. 가장 빨리 말한 사람이 그 카드를 가져가요.

6. 가운데 놓인 카드가 다 없어지면 게임이 끝나요. 이때 가장 많은 카드를 가진 친구가 승리해요.

연습해 봐요

1 녹음을 듣고 그림의 내용과 같으면 〇, 다르면 ✕ 표를 하세요.

❶

❷

2 일기예보를 보고 알맞은 날씨를 보기 에서 찾아 쓰세요.

10月1号 今天	10月2号 明天
10℃	5℃

보기

下雪 xià xuě

晴天 qíngtiān

打雷 dǎléi

❶ 今天天气怎么样?
Jīntiān tiānqì zěnmeyàng?

今天 _____。
Jīntiān _____.

❷ 明天天气怎么样?
Míngtiān tiānqì zěnmeyàng?

明天 _____。
Míngtiān _____.

MP3 5-5

3 주어진 문장 뜻에 맞게 계절 그림을 그려 보세요.

❶

春天很暖和。
Chūntiān hěn nuǎnhuo.

❷

夏天很热。
Xiàtiān hěn rè.

❸

秋天很凉快。
Qiūtiān hěn liángkuai.

❹

冬天很冷。
Dōngtiān hěn lěng.

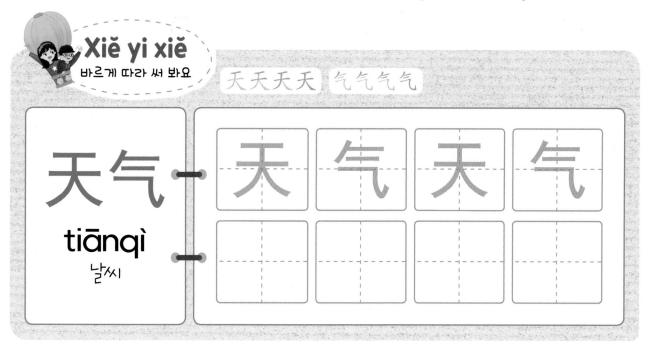

Xiě yi xiě
바르게 따라 써 봐요

天天天天　气气气气

天气
tiānqì
날씨

天　气　天　气

 ## 눈과 얼음의 축제 **빙등제**

중국의 겨울을 가장 잘 느낄 수 있는 곳이 바로 중국 하얼빈(哈尔滨 Hā'ěrbīn)의 얼음 축제인 빙등제(冰灯节 bīngdēngjié)예요. 하얼빈은 겨울 내내 영하 30도의 추위가 계속되기 때문에, 한 번 눈이 내리면 녹지 않는다고 해요. 그래서 쌓인 얼음과 눈에 멋진 조명을 달아 축제를 열어요. 이 빙등제는 세계 3대 겨울 축제 중 하나로, 그중에서도 가장 큰 규모의 축제예요.

일기예보 판 만들기

❶ 종이에 칸을 나누고 중국어로 각 지역의 날씨를 적어요.

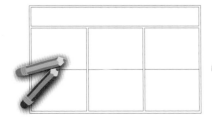

❷ 날씨 그림 등을 그려서 예쁘게 꾸며요.

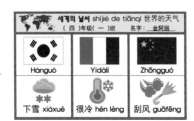

❸ 한 명씩 앞에 나와 중국어로 일기예보를 해요.

6과 我去过西安。
난 시안에 가 봤어.

병마용갱은 어디에 있는 유적지야?

시안(Xī'ān)이라는 도시에 있어.

넌 시안에 가 봤어?

응, 작년에 가 봤어. 그때 병마용갱도 본 적이 있어.

옛날 진시황의 무덤을 지키기 위해 수많은 병사와 말 모형을 흙으로 구워 만들었다고 해.

자세히 보면 병사들의 얼굴과 표정이 다 달라.

신기하다! 나도 직접 보고 싶어!

✏️ 오늘 배울 내용은 [   ] 예요.

Dú yi dú
따라 읽어 봐요

你去过西安吗?
Nǐ qùguo Xī'ān ma?

我没去过西安。
Wǒ méi qùguo Xī'ān.

你去过吗?
Nǐ qùguo ma?

我去过西安。
Wǒ qùguo Xī'ān.

西安

你看过兵马俑吗?
Nǐ kànguo bīngmǎyǒng ma?

我看过兵马俑。
Wǒ kànguo bīngmǎyǒng.

它很雄壮。
Tā hěn xióngzhuàng.

단어를 익혀요! MP3 6-2

去 qù 가다

过 guo ~한 적 있다 [경험]

西安 Xī'ān 시안 [중국의 도시]

没 méi ~않다 [과거 부정]

兵马俑 bīngmǎyǒng 병마용

它 tā 그, 그것 [동물·사물을 가리킴]

雄壮 xióngzhuàng 웅장하다

6과 **我去过西安。** 69

1

我去过 西安 。

Wǒ qùguo Xī'ān.
나는 시안에 가 봤어.

 "동작＋过"는 '~한 적이 있다, ~해 봤다'라는 뜻으로, 경험을 표현할 때 사용해요.

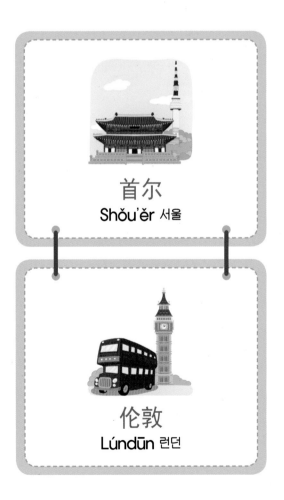

首尔
Shǒu'ěr 서울

伦敦
Lúndūn 런던

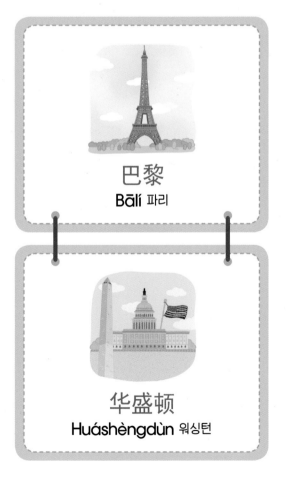

巴黎
Bālí 파리

华盛顿
Huáshèngdùn 워싱턴

2

我看过 兵马俑 。

Wǒ kànguo bīngmǎyǒng.

나는 병마용을 본 적 있어.

京剧
jīngjù 경극

中国小说
Zhōngguó xiǎoshuō 중국 소설

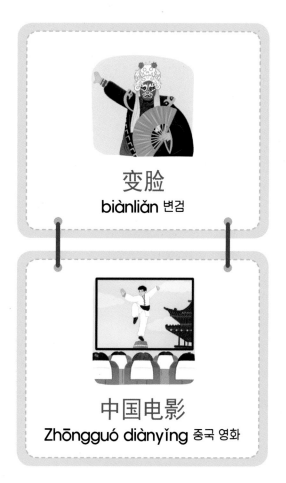

变脸
biànliǎn 변검

中国电影
Zhōngguó diànyǐng 중국 영화

MP3 6-4

경험

| 西安 | 西安 | 你去过吗？ |
| Xī'ān | Xī'ān | Nǐ qùguo ma? |

| 没去过 | 没去过 | 我没去过西安。 |
| Méi qùguo | Méi qùguo | Wǒ méi qùguo Xī'ān. |

| 兵马俑 | 兵马俑 | 你看过吗？ |
| Bīngmǎyǒng | Bīngmǎyǒng | Nǐ kànguo ma? |

| 看过 | 看过 | 我看过兵马俑。 |
| Kànguo | Kànguo | Wǒ kànguo bīngmǎyǒng. |

시안	시안	너는 가 봤니?
안 가 봤어	안 가 봤어	나는 시안에 안 가 봤어.
병마용	병마용	너는 본 적 있니?
본 적 있어	본 적 있어	나는 병마용을 본 적 있어.

Wán yi wán
중국어로 놀아요

말판 게임

준비물 주사위

⭐1 모둠을 나누고, 말판의 "开始" 칸에 각 모둠의 말을 놓고 시작해요.

⭐2 가위바위보로 이긴 모둠부터 주사위를 던지고, 주사위의 숫자만큼 말을 움직여요.

⭐3 해당하는 칸에 나온 중국어를 사용하여 "Wǒ (méi) qùguo ○○."
또는 "Wǒ (méi) kànguo ○○."라고 말해요.

⭐4 문장을 말하지 못하면 말을 원위치로 옮겨요.

⭐5 가장 빨리 "结束" 칸에 들어오는 모둠이 승리해요.

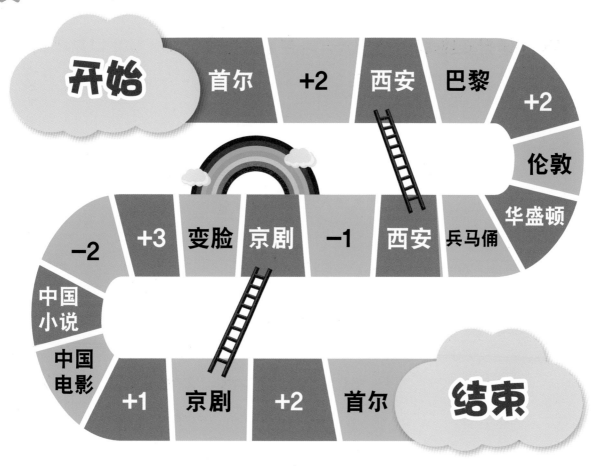

1 녹음을 듣고 그림의 내용과 같으면 ○, 다르면 ✕ 표를 하세요.

❶

❷

2 사다리를 타고 내려가서 친구들이 가 본 도시를 보기 에서 찾아 써 보세요.

보기	首尔	巴黎	伦敦
	Shǒu'ěr	Bālí	Lúndūn

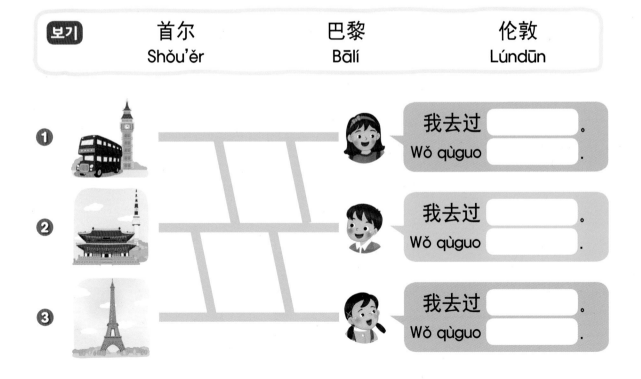

❶ 我去过 □□□.
Wǒ qùguo □□□.

❷ 我去过 □□□.
Wǒ qùguo □□□.

❸ 我去过 □□□.
Wǒ qùguo □□□.

3 그림을 보고 알맞은 표현에 ○ 표 하세요.

① 我 **看过** | 没看过 变脸。
Wǒ kànguo | méi kànguo biànliǎn.

② 我 看过 | **没看过** 中国小说。
Wǒ kànguo | méi kànguo Zhōngguó xiǎoshuō.

③ 我 **看过** | 没看过 京剧。
Wǒ kànguo | méi kànguo jīngjù.

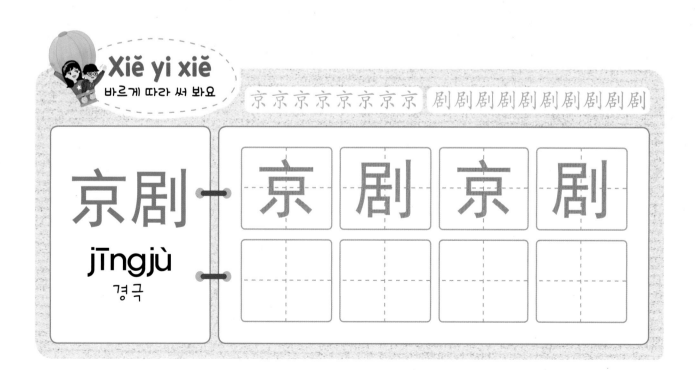

Xiě yi xiě
바르게 따라 써 봐요

京京京京京京京京 剧剧剧剧剧剧剧剧剧剧

京剧
jīngjù
경극

京 剧 京 剧

Wénhuà
중국을 알아 봐요

역사의 도시 시안

시안은 중국 역사에서 약 1000여 년 동안 수도로 지정됐던 도시예요. 그래서 도시 곳곳에 역사 유적지가 가득해요. 그중에서 가장 대표적인 유적지는 '병마용'이에요. '병마용'은 흙으로 빚어 구운 병사와 말들인데, 그 모습이 정교하고 다양해서 세계 8대 불가사의로 꼽혀요. 고대 중국을 최초로 통일한 진시황제가 세상을 떠나면서 그 무덤을 지키기 위해 만들었다고 해요. 그 외에도 황제들이 온천욕을 즐긴 '화청지', 옛 성벽인 '시안 성벽', 명나라 때 세워진 '종루' 등 중국 역사의 흔적이 많이 있는 중국의 역사 도시예요.

도시 포스터 만들기

학생 작품 예시

❶ 가 보고 싶은 도시를 중국어로 어떻게 말하는지, 또 그 도시의 특징이 뭔지 조사해 와요.

❷ 선생님이 나눠 준 종이에 준비한 자료를 붙여서 설명과 함께 예쁘게 꾸며요.

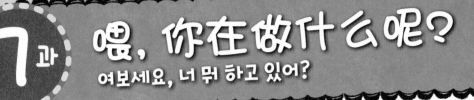

7과 喂，你在做什么呢？
여보세요, 너 뭐 하고 있어?

Cāi yi cāi
배울 내용을 생각해 봐요

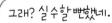

오늘 배울 내용은 □□□ 예요.

Dú yi dú
따라 읽어 봐요

喂，你在做什么呢?
Wéi, nǐ zài zuò shénme ne?

我在做作业呢。
Wǒ zài zuò zuòyè ne.
有什么事吗?
Yǒu shénme shì ma?

MP3 7-1

 今天是我的生日。
Jīntiān shì wǒ de shēngrì.

 祝你生日快乐!
Zhù nǐ shēngrì kuàilè!

 谢谢!
Xièxie!

今天来我家玩儿吧。
Jīntiān lái wǒ jiā wánr ba.

 단어를 익혀요! MP3 7-2

喂 wéi 여보세요	在~呢 zài ~ ne ~하고 있다, ~하는 중이다	
有 yǒu 있다	事 shì 일	生日 shēngrì 생일
祝 zhù 축하하다, 기원하다	快乐 kuàilè 즐겁다	谢谢 Xièxie 고마워
来 lái 오다	家 jiā 집	

1

我在 做作业 呢。

Wǒ zài zuò zuòyè ne.

나는 숙제를 하고 있어.

잠깐! "在~呢"는 진행 중인 동작을 말할 때 사용해요.

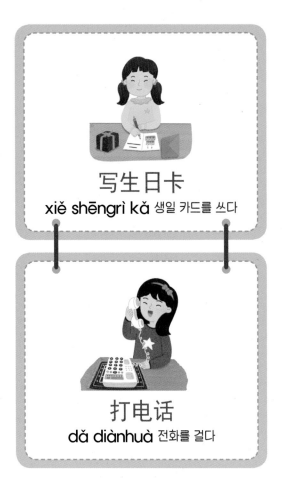

写生日卡
xiě shēngrì kǎ 생일 카드를 쓰다

打电话
dǎ diànhuà 전화를 걸다

跑步
pǎobù 달리다

看电视
kàn diànshì TV를 보다

2

祝你 生日 快乐!

Zhù nǐ shēngrì kuàilè!

생일 축하해!

新年
xīnnián 새해

圣诞节
Shèngdàn Jié 성탄절

中秋节
Zhōngqiū Jié 추석

旅游
lǚyóu 여행

Chàng yi chàng
신나게 불러 봐요

진행

什么 Shénme	什么 Shénme	你在做什么呢? Nǐ zài zuò shénme ne?
作业 Zuòyè	作业 Zuòyè	我在做作业呢。 Wǒ zài zuò zuòyè ne.
今天 Jīntiān	今天 Jīntiān	今天是我的生日。 Jīntiān shì wǒ de shēngrì.
生日 Shēngrì	生日 Shēngrì	祝你生日快乐! Zhù nǐ shēngrì kuàilè!

뭐	뭐	너 뭐 하고 있어?
숙제	숙제	나는 숙제 하고 있어.
오늘	오늘	오늘은 내 생일이야.
생일	생일	생일 축하해!

Wán yi wán
중국어로 놀아요

단어 오목 게임

1. 오목판에 이 과에서 배운 단어를 채워 넣어요.
   (한 칸에 한 단어씩 써야 하고, 한어병음과 우리말 뜻 중에서 마음대로 골라서 써요.)

2. 짝꿍과 가위바위보로 순서를 정하고, 순서대로 번갈아 단어를 말해요.

3. 우리말로 쓴 단어는 중국어로 말하고, 한어병음으로 쓴 단어는 우리말로 말해야 칸을 색칠할 수 있어요.

4. 먼저 오목을 완성하는 친구가 승리해요.

응용 선생님이 미리 오목판에 단어를 써 놓고, 첫 번째 모둠부터 순서대로 돌아가며 단어를 정확하게 중국어나 우리말로 말하면 스티커 하나를 붙여요. 이렇게 해서 오목을 만들면 승리해요.

Liànxí
연습해 봐요

1 녹음을 듣고 그림의 내용과 같으면 ○, 다르면 ✕ 표를 하세요.

❶

❷

2 그림을 보고 같은 발음이 들어간 단어끼리 ○로 묶고, 공통된 발음을 빈칸에 병음으로 쓰세요.

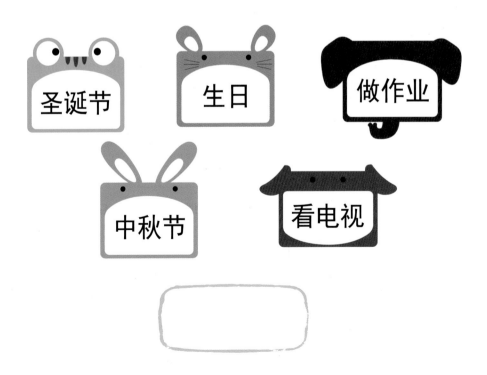

圣诞节

生日

做作业

中秋节

看电视

3 그림을 보고 단어 카드를 바르게 나열하여 문장을 완성하세요.

跑步
pǎobù

我
Wǒ

在
zài

呢
ne

→ 我
  Wǒ [　] [　] [　] 。

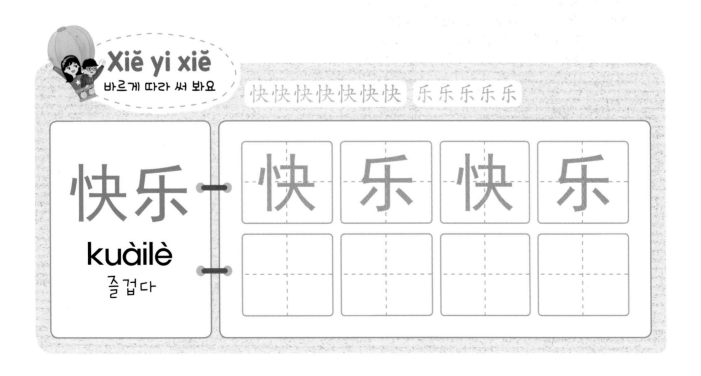

Xiě yi xiě
바르게 따라 써 봐요

快快快快快快快　乐乐乐乐乐

快乐 ─ 快 乐 快 乐
kuàilè
즐겁다

 ## 중국 사람들이 싫어하는 선물

선물은 받으면 감사하고 기분 좋은 것이지만, 중국 친구에게 선물을 할 때는 주의해야 할 것이 있어요. 바로 중국 사람들이 싫어하는 선물이 있기 때문인데요, 시계나 배, 우산은 선물로 인기가 없어요. 시계를 선물한다는 말은 중국어로 '送钟 sòng zhōng'인데, 장례를 치른다는 말과 발음이 같아서 안 좋아해요. 그리고 배나 우산은 '헤어진다'라는 뜻을 가진 단어와 발음이 비슷해서 친구나 연인 사이에는 절대 주고받지 않는 선물이라고 해요.

생일 카드 만들기

❶ 생일카드를 만들 종이를 준비해요.

❷ 카드에 중국어로 "생일 축하해! (祝你生日快乐! Zhù nǐ shēngrì kuàilè!)"를 쓰고 내용 등을 적어서 꾸며요.

❸ 카드에 친구 이름을 써서 친구에게 전해 줘요.

학생 작품 예시

Cāi yi cāi
배울 내용을 생각해 봐요

아리야, 오랜만이야! 중국에서 잘 지내고 있어?

응, 이미 적응 끝났지.

중국에서는 아침 몇 시에 학교 가?

8시까지 학교에 가. 아침 일찍 밥 먹고 자전거 타고 달려가.

낮잠 시간이 있다고? 그건 부럽다!

중국 학교는 점심 시간마다 눈 체조도 하고 낮잠 자는 시간도 있어.

그럼 학교 끝나면 바로 집에 와?

응, 나는 집에 와서 바로 숙제하는데, 다른 중국 친구들은 학원에 가기도 해.

✏️ 오늘 배울 내용은 [   ] 예요.

Dú yi dú
따라 읽어 봐요

你什么时候起床?
Nǐ shénme shíhou qǐchuáng?

我早上七点起床。
Wǒ zǎoshang qī diǎn qǐchuáng.

MP3 8-1

你什么时候睡觉？
Nǐ shénme shíhou shuìjiào?

我晚上十一点睡觉。
Wǒ wǎnshang shíyī diǎn shuìjiào.

你睡得很晚。
Nǐ shuì de hěn wǎn.

早点儿睡觉吧。
Zǎo diǎnr shuìjiào ba.

단어를 익혀요! MP3 8-2

什么时候 shénme shíhou 언제
点 diǎn ~시
睡 shuì (잠을) 자다
早 zǎo 일찍, 이르다

起床 qǐchuáng 일어나다
睡觉 shuìjiào 잠을 자다
得 de 정도를 나타냄
(一)点儿 (yì)diǎnr 조금, 약간

早上 zǎoshang 아침
晚上 wǎnshang 저녁
晚 wǎn 늦다

1

我七点 起床 。

Wǒ qī diǎn qǐchuáng.

나는 7시에 일어나.

잠깐! "숫자 + 点 + 동작"은 '몇 시에 무엇을 하다'라는 뜻으로, 시간과 함께 동작을 표현할 때 사용해요.

吃早饭
chī zǎofàn 아침밥을 먹다

洗澡
xǐzǎo 목욕하다

上课
shàngkè 수업하다

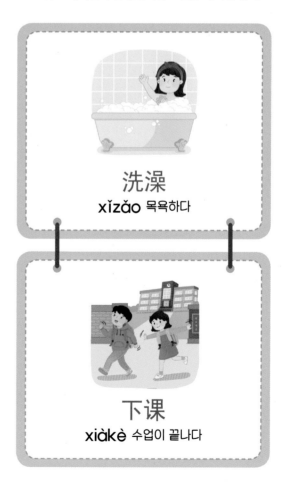

下课
xiàkè 수업이 끝나다

MP3 8-3

2

早点儿 睡觉 吧。

Zǎo diǎnr shuìjiào ba.

좀 일찍 자라.

잠깐!
"(一)点儿"은 '조금'이라는 뜻으로,
정도가 약한 것을 표현할 때 사용해요.

回家
huí jiā 집으로 돌아가다

休息
xiūxi 쉬다

准备
zhǔnbèi 준비하다

出发
chūfā 출발하다

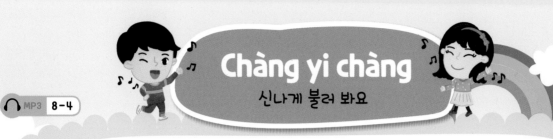

Chàng yi chàng
신나게 불러 봐요

하루 일과

起床	起床	你什么时候起床?
Qǐchuáng	Qǐchuáng	Nǐ shénme shíhou qǐchuáng?
早上	早上	早上七点起床。
Zǎoshang	Zǎoshang	Zǎoshang qī diǎn qǐchuáng.
睡觉	睡觉	你什么时候睡觉?
Shuìjiào	Shuìjiào	Nǐ shénme shíhou shuìjiào?
晚上	晚上	晚上十一点睡觉。
Wǎnshang	Wǎnshang	Wǎnshang shíyī diǎn shuìjiào.

일어나	일어나	너는 언제 일어나?
아침	아침	아침 7시에 일어나.
자	자	너는 언제 자?
저녁	저녁	저녁 11시에 자.

Wán yi wán
중국어로 놀아요

윷놀이 말판 게임

125, 127쪽 오리기 활용

준비물 윷판, 그림 카드, 주사위

⭐1 모둠을 나누고 각 모둠별로 모둠원의 순서를 정해요.

⭐2 부록에 있는 윷판을 펼치고, 그림 카드를 섞어 뒤집어 놓아요.

⭐3 첫 번째 모둠원이 먼저 주사위를 던지고, 주사위 숫자만큼 칸을 이동해요.

⭐4 그림 카드를 한 장 뒤집고, 카드의 그림과 시간을 보고 중국어로 답해요.
　예 잠자는 그림 + 10시 → "Wǒ shí diǎn shuìjiào."

⭐5 정확하게 문장을 말하면 그 자리에 있을 수 있고, 대답을 못하면 원래 위치로 돌아와야 해요.

⭐6 출발 칸으로 먼저 되돌아온 친구가 승리해요.

연습해 봐요

1 녹음을 듣고 그림의 내용과 같으면 ◯, 다르면 ✕ 표를 하세요.

2 보기 의 단어 순서대로 병음을 연결하면 어떤 모양이 나오는지 선을 이어 보세요.

보기
准备 → 上课 → 回家 → 睡觉 → 出发
→ 下课 → 休息 → 洗澡 → 准备

3 문장을 완성하려면 어떤 단어를 사용해야 하는지 퍼즐 안에 ○ 표를 하고
문장을 써 보세요.

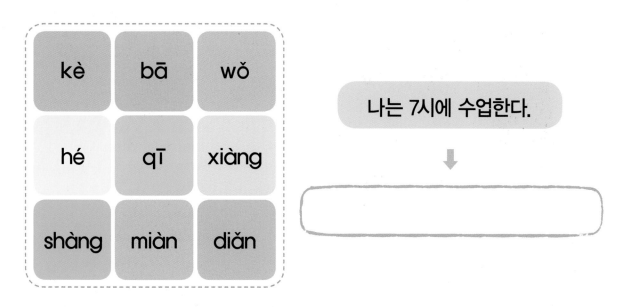

kè	bā	wǒ
hé	qī	xiàng
shàng	miàn	diǎn

나는 7시에 수업한다.

↓

Xiě yi xiě
바르게 따라 써 봐요

起起起起起起起起起起　床床床床床床床

起床
qǐchuáng
일어나다

起 床 起 床

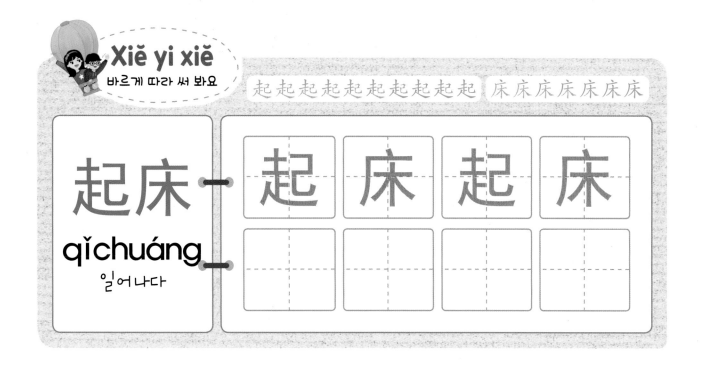

 중국 초등학교의 **아침 풍경**

　중국의 초등학교 수업은 보통 8시에 시작하는데, 수업 전에 책을 읽거나 시를 외우는 시간이 있어서 7시 30분 전에 등교하는 학생들이 많아요. 대부분 부모님이나 할머니, 할아버지께서 출근길에 학교에 데려다주시기 때문에, 등교 시간에는 학교 앞이 사람, 자전거, 자동차로 북적거려요. 중국 사람들은 아침 식사를 주로 길거리 가게에서 사 먹는데, 초등학생들도 부모님을 따라 등굣길에 아침을 사 먹어요. 학교에 오면 오전에는 전교생이 운동장에 나와 체조를 하는 시간도 있고, 점심 시간 후에는 낮잠을 자는 시간도 있어요.

하루 일과표 만들기

❶ 큰 종이에 자유롭게 일과표 틀을 그려요.

❷ 하루 일과를 중국어로 써요.

❸ 일과표를 색칠하여 예쁘게 꾸며요.

학생 작품 예시

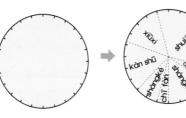

부록

 **본문 해석**

1과 18~19쪽

아리 너는 취미가 뭐야?

베이베이 내 취미는 책 읽기야.

징징 너 영화 보는 거 좋아해?

유준 나 영화 보는 거 좋아해. 너는?

징징 나도 영화 보는 거 좋아해. 우리 같이 영화 보자.

2과 28~29쪽

아리 나 배고파. 우리 우선 뭐 먹자.

베이베이 좋아.

베이베이 너 뭐 먹고 싶어?

아리 나는 빵 먹고 싶어. 너도 먹고 싶니?

베이베이 나는 빵 먹고 싶지 않아. 나는 주스 마시고 싶어.

3과 38~39쪽

아리 축구 시합을 너희가 이겼어?

베이베이 우리가 이겼어.

아리 너희 정말 대단하구나!

유준 너는 축구 할 줄 알아?

징징 나는 축구 할 줄 몰라. 나는 농구 할 줄 알아.

4과 48~49쪽

선생님 공연이 곧 시작할 거야. 너희 둘 긴장되니?

베이베이 저는 조금 긴장돼요.

아리 저는 너무 긴장돼요.

선생님 안심해. 너희는 반드시 잘해 낼 거야. 파이팅!

5과 58~59쪽

유준 오늘 날씨가 어때?

징징 듣자 하니 오늘 비가 온대.

베이베이 너는 어느 계절을 좋아해?

아리 나는 가을을 좋아해. 춥지도 않고 덥지도 않아서. 너는?

베이베이 나는 봄을 좋아해. 봄은 아주 따뜻해서.

6과 68~69쪽

베이베이 너는 시안에 가 봤어?

아리 나는 시안에 안 가 봤어. 너는 가 봤어?

베이베이 나는 시안에 가 봤어.

유준 너는 병마용을 본 적 있어?

징징 나는 병마용을 본 적 있어. 그건 아주 웅장해.

7과 78~79쪽

아리 여보세요, 너 뭐 하고 있어?

베이베이 나는 숙제 하고 있어. 무슨 일 있니?

아리 오늘은 내 생일이야.

베이베이 생일 축하해!

아리 고마워! 오늘 우리 집에 놀러 와.

8과 88~89쪽

베이베이 너는 언제 일어나?

아리 나는 아침 7시에 일어나.

징징 너는 언제 자?

유준 나는 저녁 11시에 자.

징징 너 아주 늦게 자는구나. 좀 일찍 자.

🎧 녹음 대본

1과 24쪽

1

① 我们一起看电影吧。
Wǒmen yìqǐ kàn diànyǐng ba.

② 我的爱好是唱歌。
Wǒ de àihào shì chàng gē.

2과 34쪽

1

① 我想喝茶。
Wǒ xiǎng hē chá.

② 我们先打扫房间吧。
Wǒmen xiān dǎsǎo fángjiān ba.

3과 44쪽

1

① 我不会滑雪。
Wǒ bú huì huáxuě.

② 我会游泳。
Wǒ huì yóuyǒng.

4과 54쪽

1

① 我有点儿紧张。
Wǒ yǒudiǎnr jǐnzhāng.

② 我太舒服了。
Wǒ tài shūfu le.

5과 64쪽

1

① 今天刮风。
Jīntiān guāfēng.

② 春天很暖和。
Chūntiān hěn nuǎnhuo.

6과 74쪽

1

① 我没看过变脸。
Wǒ méi kànguo biànliǎn.

② 我去过西安。
Wǒ qùguo Xī'ān.

7과 84쪽

1

① 我在看电视呢。
Wǒ zài kàn diànshì ne.

② 祝你圣诞节快乐!
Zhù nǐ Shèngdànjié kuàilè!

8과 94쪽

1

① 我六点起床。
Wǒ liù diǎn qǐchuáng.

② 她八点洗澡。
Tā bā diǎn xǐzǎo.

정답

1과 24~25쪽

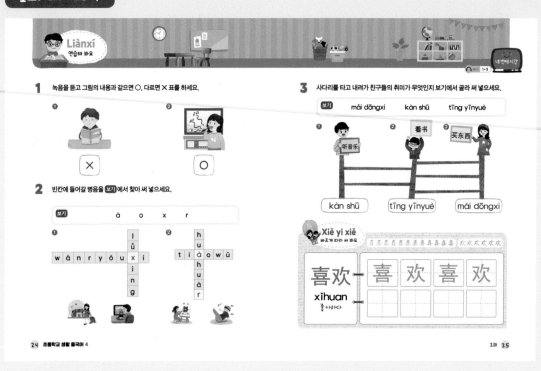

2과 34~35쪽

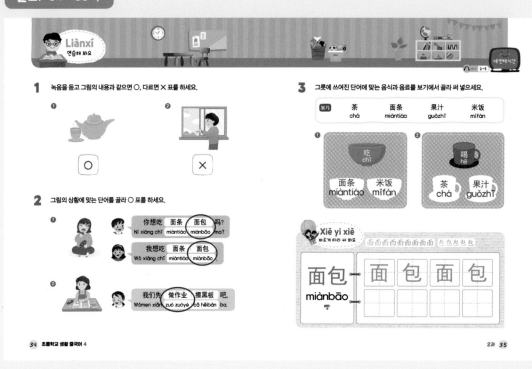

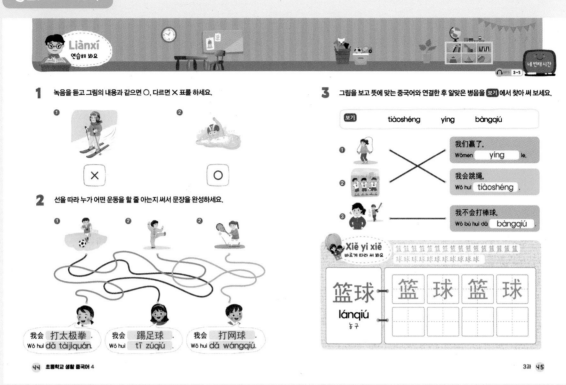

3과 44~45쪽

Liànxí
연습해 봐요

1 녹음을 듣고 그림의 내용과 같으면 ○, 다르면 ✕ 표를 하세요.

① ✕ ② ○

2 선을 따라 누가 어떤 운동을 할 줄 아는지 써서 문장을 완성하세요.

我会 打太极拳.
Wǒ huì dǎ tàijíquán.

我会 踢足球.
Wǒ huì tī zúqiú.

我会 打网球.
Wǒ huì dǎ wǎngqiú.

44 초등학교 생활 중국어 4

3 그림을 보고 뜻에 맞는 중국어와 연결한 후 알맞은 병음을 보기 에서 찾아 써 보세요.

보기   tiàoshéng   yíng   bàngqiú

① 我们赢了.
Wǒmen yíng le.

② 我会跳绳.
Wǒ huì tiàoshéng.

③ 我不会打棒球.
Wǒ bù huì dǎ bàngqiú.

Xiě yi xiě
바르게 따라 써 봐요

篮球
lánqiú
농구

篮	球	篮	球

3과 45

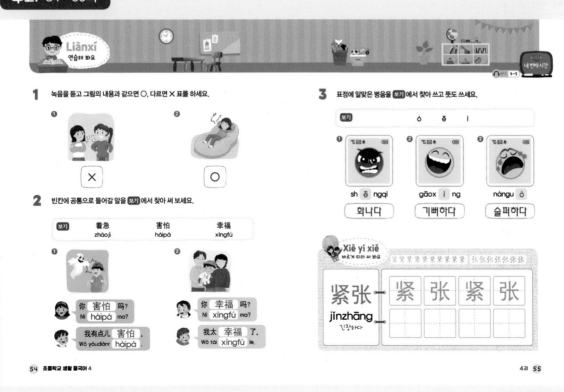

4과 54~55쪽

Liànxí
연습해 봐요

1 녹음을 듣고 그림의 내용과 같으면 ○, 다르면 ✕ 표를 하세요.

① ✕ ② ○

2 빈칸에 공통으로 들어갈 말을 보기 에서 찾아 써 보세요.

보기   着急 zháojí   害怕 hàipà   幸福 xìngfú

① 你 害怕 吗?
Nǐ hàipà ma?

我有点儿 害怕.
Wǒ yǒudiǎnr hàipà.

② 你 幸福 吗?
Nǐ xìngfú ma?

我太 幸福 了.
Wǒ tài xìngfú le.

54 초등학교 생활 중국어 4

3 표정에 알맞은 병음을 보기 에서 찾아 쓰고 뜻도 쓰세요.

보기   ò   ē   ì

① shēngqì
화나다

② gāoxìng
기뻐하다

③ nánguò
슬퍼하다

Xiě yi xiě
바르게 따라 써 봐요

紧张
jǐnzhāng
긴장하다

紧	张	紧	张

4과 55

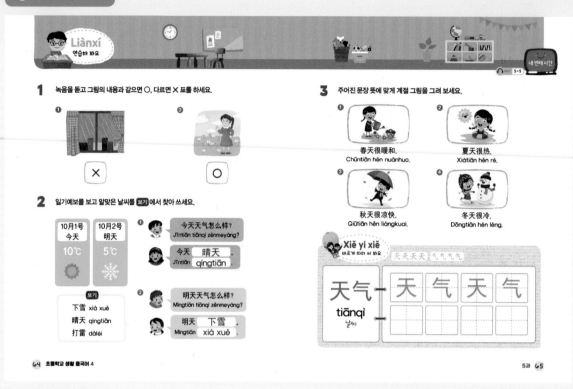

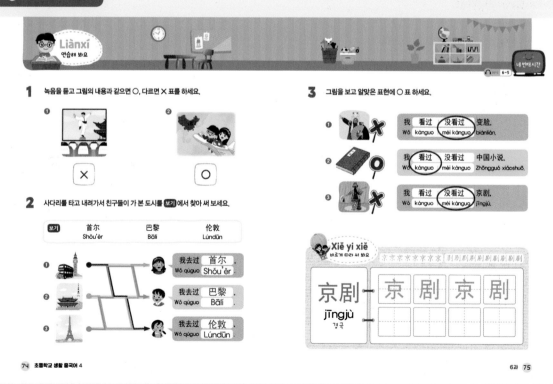

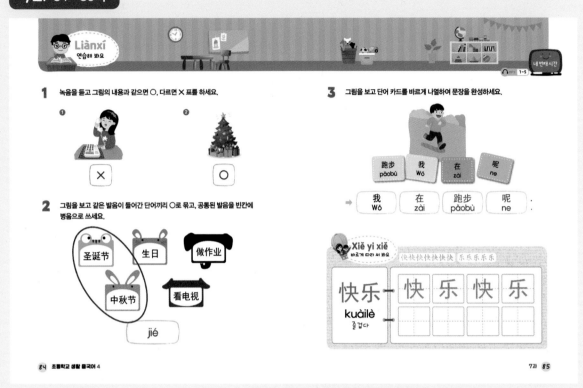

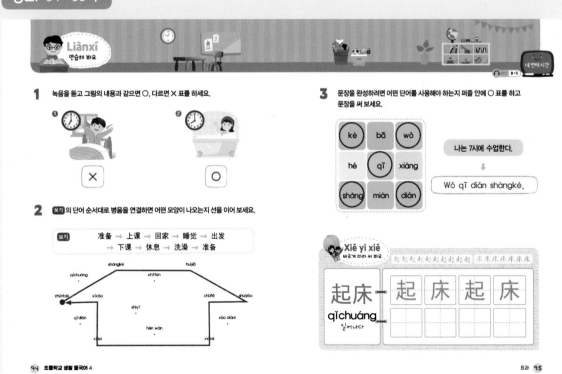

단어 카드

看书 kàn shū	唱歌 chàng gē
跳舞 tiàowǔ	听音乐 tīng yīnyuè
弹钢琴 tán gāngqín	看电影 kàn diànyǐng
玩儿游戏 wánr yóuxì	旅行 lǚxíng
画画儿 huà huàr	买东西 mǎi dōngxi

단어 카드

吃 chī	面包 miànbāo	喝 hē
果汁 guǒzhī	打扫 dǎsǎo	房间 fángjiān
做 zuò	作业 zuòyè	擦 cā
黑板 hēibǎn	打开 dǎkāi	窗户 chuānghu

米饭 mǐfàn	面条 miàntiáo	面条 miàntiáo
茶 chá	饮料 yǐnliào	你 nǐ
你 nǐ	我 wǒ	我 wǒ
想 xiǎng	想 xiǎng	想 xiǎng

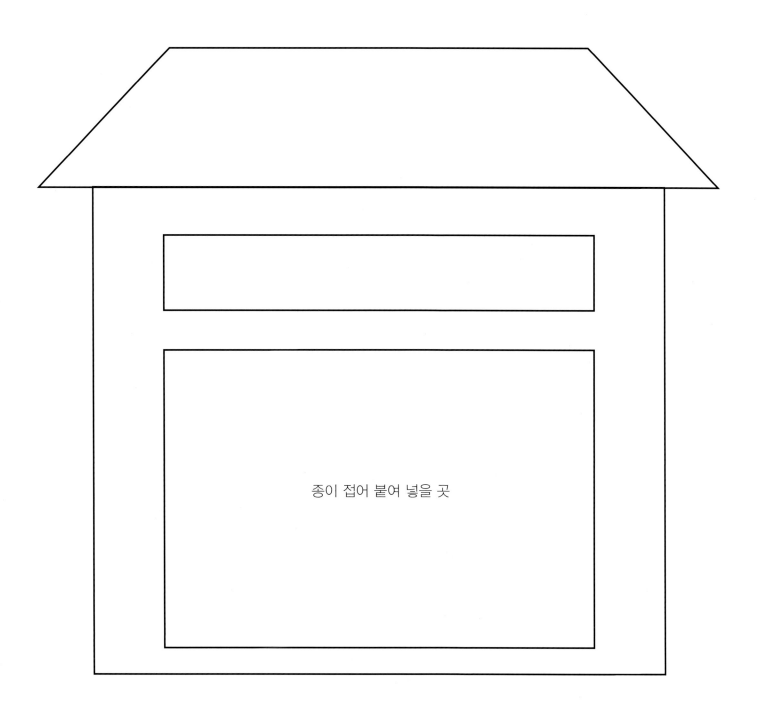

종이 접어 붙여 넣을 곳

단어 카드

4과 학습 활동 자료 53, 56쪽

찢기 빙고

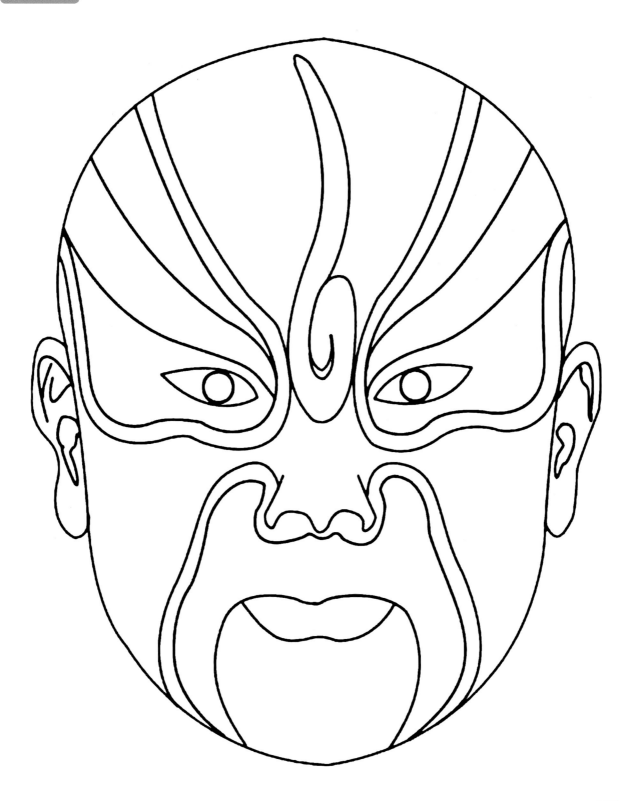

날씨 카드

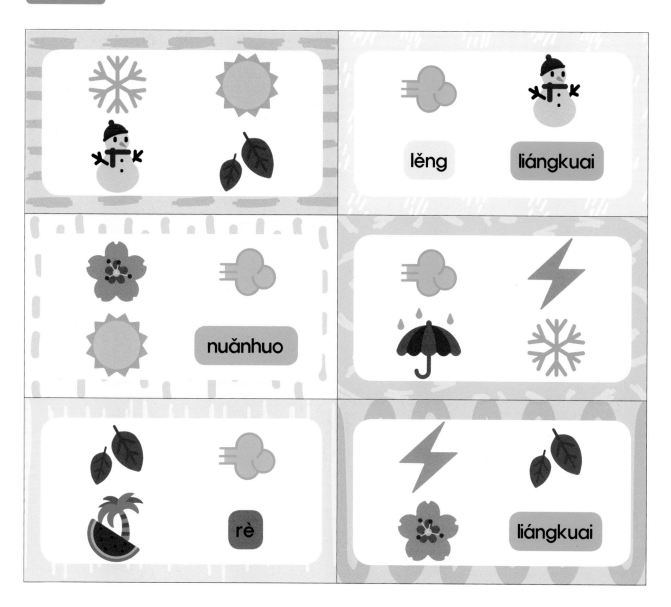

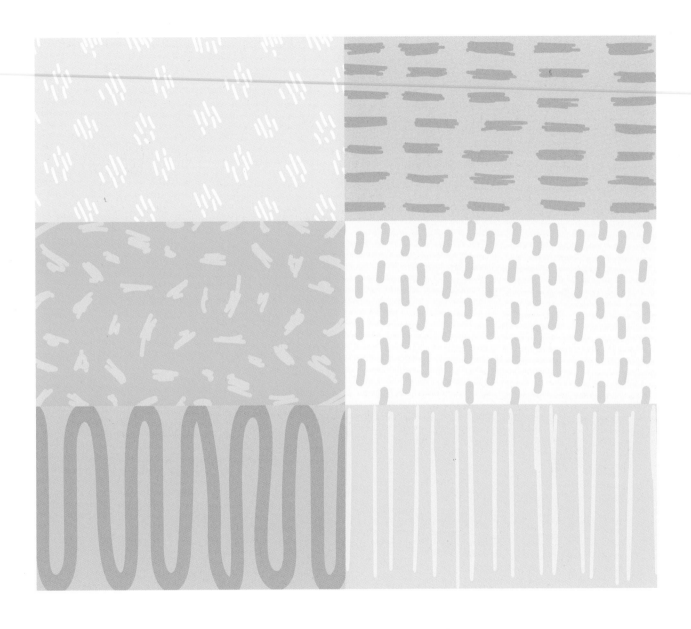

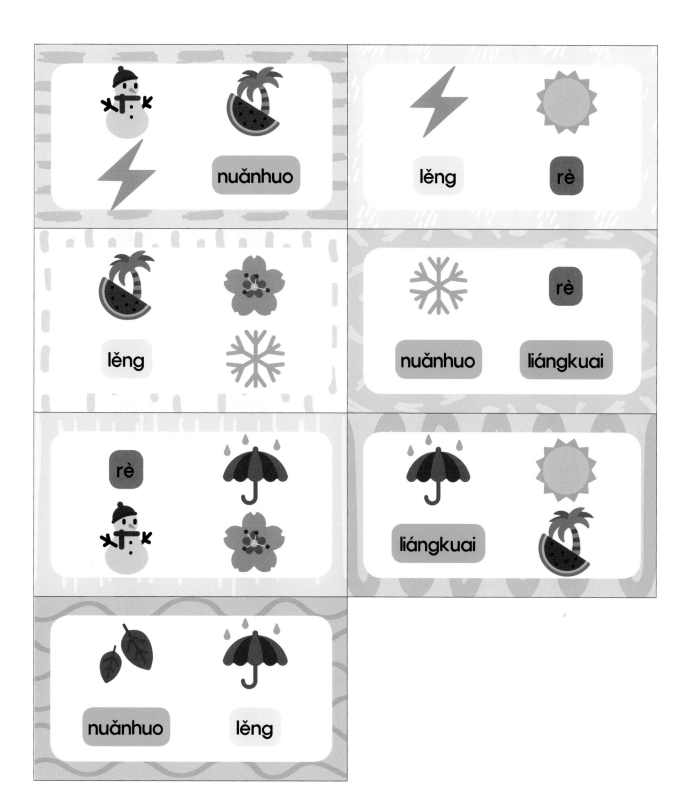

윷판

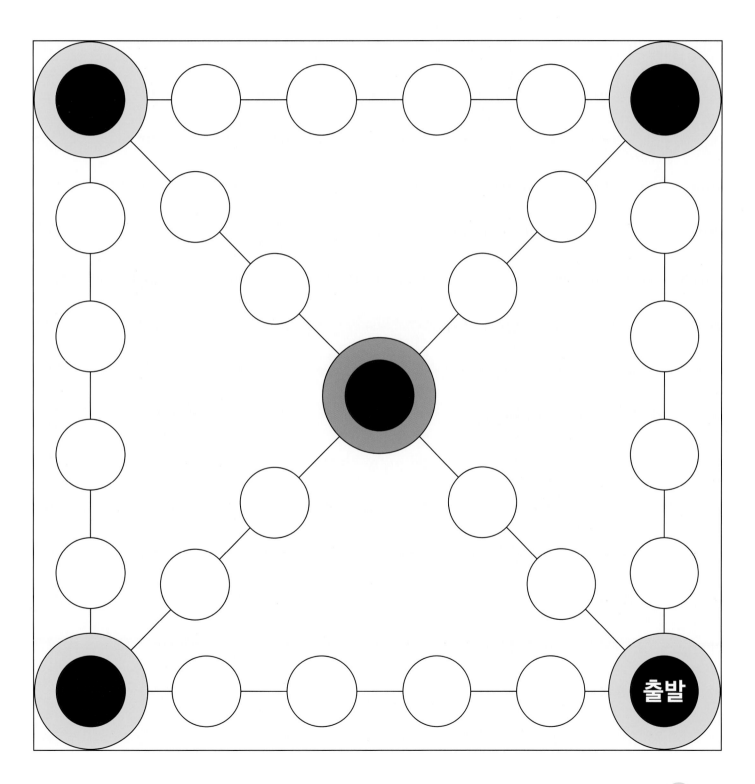

그림 카드